CRIMES SEXUAIS

JOSÉ HENRIQUE PIERANGELI
Procurador de Justiça do Ministério Público do Estado
de São Paulo (aposentado).
Ex-Professor de Direito Penal na Universidade de São Paulo.
Ex-Professor de Direito Processual Civil na PUC de Campinas.
Ex-Professor de Direito Penal do Centro Universitário de Araxá-MG.

CARMO ANTÔNIO DE SOUZA
Mestre e doutor em Direito Penal pela Pontifícia Universidade
Católica de São Paulo.
Desembargador membro do Tribunal de Justiça do Amapá
e Professor de gradução e pós-graduação da Universidade Federal do
Amapá, do Centro de Ensino Superior do Amapá e da
Faculdade Estácio Seama.

CRIMES SEXUAIS

2ª Edição

Del Rey
EDITORA

Belo Horizonte
2015

Impresso no Brasil | *Printed in Brazil*

EDITORA DEL REY LTDA.
www.livrariadelrey.com.br

Editor: Arnaldo Oliveira

Editor Adjunto: Ricardo A. Malheiros Fiuza

Editora Assistente: Waneska Diniz

Coordenação Editorial: Wendell Campos Borges

Diagramação: Dilex Editoração Ltda.

Revisão: RESPONSABILIDADE DO AUTOR

Capa: CYB Comunicação

Editora / MG
Rua dos Goitacazes, 71 – Sala 709-C – Centro
Belo Horizonte – MG – CEP 30190-050
Tel: (31) 3284-5845
editora@delreyonline.com.br

P615 Pierangeli, José Henrique
Crimes sexuais / José Henrique Pierangeli e Carmo Antônio de Souza. 2ª ed. – Belo Horizonte: Del Rey, 2015.
206p.
ISBN 978-85-384-0396-8
1. Crimes sexuais. I. Souza, Carmo Antônio de. II. Título.

CDD: 341.55512
CDU: 343.541

Bibliotecária responsável: Maria Aparecida Costa Duarte
CRB/6-1047

SUMÁRIO

PREFÁCIO xiii

APRESENTAÇÃO xxi

NOTA À SEGUNDA EDIÇÃO xxv

ESTUPRO 1
1. Introdução 1
2. Conceito 2
3. Objetividade jurídica 3
4. Sujeito ativo 4
5. Sujeito passivo 5
6. Tipo objetivo 6
7. Tipo subjetivo 14
8. Princípio da insignificância 15
9. Consumação e tentativa 16
10. Concurso de agentes 20
11. Concurso de crimes 20
12. Formas qualificadas 24
13. Exclusão do delito 25
14. Violência presumida 25
15. Pena 25

VIOLAÇÃO SEXUAL MEDIANTE FRAUDE 27
1. Introdução 27

2. Conceito ... 29
3. Objetividade jurídica ... 29
4. Sujeito ativo ... 29
5. Sujeito passivo ... 30
6. Tipo objetivo ... 30
7. Tipo subjetivo ... 33
8. Consumação e tentativa ... 33
9. Concurso de crimes ... 34
10. Exclusão do crime ... 34
11. Pena ... 34

ASSÉDIO SEXUAL ... 35
1. Introdução ... 35
2. Conceito ... 36
3. Objetividade jurídica ... 37
4. Sujeito ativo ... 37
5. Sujeito passivo ... 38
6. Tipo objetivo ... 38
7. Tipo subjetivo ... 41
8. Consumação e tentativa ... 41
9. Concurso de crimes ... 42
10. Exclusão do crime ... 42
11. Pena ... 43

ESTUPRO DE VULNERÁVEL ... 45
1. Introdução ... 45
2. Conceito ... 46
3. Objetividade jurídica ... 47
4. Sujeito ativo ... 47
5. Sujeito passivo ... 47
6. Tipo objetivo ... 47
7. Tipo subjetivo ... 51
8. Consumação e tentativa ... 51
9. Princípio da insignificância ... 51
10. Concurso de agentes ... 52

11. Concurso de crimes 52
12. Formas qualificadas 52
13. Pena 52

CORRUPÇÃO DE MENORES 53
1. Introdução 53
2. Conceito 55
3. Objetividade jurídica 55
4. Sujeito ativo 56
5. Sujeito passivo 56
6. Tipo objetivo 56
7. Tipo subjetivo 59
8. Consumação e tentativa 59
9. Distinção 60
10. Concurso 61
11. Pena 61

SATISFAÇÃO DE LASCÍVIA MEDIANTE PRESENÇA DE CRIANÇA OU ADOLESCENTE 63
1. Introdução 63
2. Conceito 63
3. Objetividade jurídica 64
4. Sujeito ativo 64
5. Sujeito passivo 65
6. Tipo objetivo 65
7. Tipo subjetivo 66
8. Consumação e tentativa 66
9. Concurso de pessoas 67
10. Concurso de crimes 67
11. Pena 68

FAVORECIMENTO DA PROSTITUIÇÃO OUTRA FORMA DE EXPLORAÇÃO SEXUAL DE VULNERÁLVEL 69
1. Introdução 70
2. Conceito 72

3. Objetividade jurídica 73
4. Sujeito ativo 74
5. Sujeito passivo 74
6. Tipo objetivo 75
7. Tipo subjetivo 77
8. Consumação e tentativa 78
9. Formas equiparadas 79
10. Distinção 79
11. Pena 80

AÇÃO PENAL 81
1. Introdução 81
2. Ação penal pública 85

AUMENTO DA PENA 87
1. Introdução 87
2. Concurso 88
3. Relação de parentesco e autoridade 89

MEDIAÇÃO PARA SERVIR À LASCÍVIA DE OUTREM 91
1. Introdução 91
2. Conceito 92
3. Objetividade jurídica 93
4. Sujeito ativo 93
5. Sujeito passivo 94
6. Tipo objetivo 95
7. Tipo subjetivo 97
8. Consumação e tentativa 97
9. Formas qualificadas 99
10. Distinção 100
11. Pena 101

FAVORECIMENTO DA PROSTITUIÇÃO OU OUTRA FORMA DE EXPLORAÇÃO SEXUAL 103
1. Introdução 104

2. Concurso ... 106
3. Objetividade jurídica ... 106
4. Sujeito ativo ... 107
5. Sujeito passivo ... 107
6. Tipo objetivo ... 107
7. Tipo subjetivo ... 108
8. Consumação e tentativa ... 109
9. Formas qualificadas ... 110
10. Distinção ... 110
11. Pena ... 111

ESTABELECIMENTO EM QUE OCORRA A EXPLORAÇÃO SEXUAL ... 113
1. Introdução ... 113
2. Conceito ... 115
3. Objetividade jurídica ... 116
4. Sujeito ativo ... 117
5. Sujeito passivo ... 118
6. Tipo objetivo e normativo ... 118
7. Tipo subjetivo ... 121
8. Tentativa e consumação ... 122
9. Distinção ... 123
10. Concurso ... 124
11. Pena ... 124

RUFIANISMO ... 125
1. Introdução ... 125
2. Conceito ... 126
3. Objetividade jurídica ... 127
4. Sujeito ativo ... 128
5. Sujeito passivo ... 129
6. Tipo objetivo ... 129
7. Tipo subjetivo ... 131
8. Consumação e tentativa ... 131
9. Formas qualificadas ... 132
10. Distinção ... 132

11. Concurso 132
12. Pena 133

TRÁFICO INTERNACIONAL DE PESSOA PARA FIM DE EXPLORAÇÃO SEXUAL 135
1. Introdução 136
2. Conceito 137
3. Objetividade jurídica 137
4. Sujeito ativo 137
5. Sujeito passivo 138
6. Tipo objetivo 138
7. Tipo subjetivo 141
8. Consumação e tentativa 141
9. Concurso 142
10. Aumento de pena 142
11. Competência 142
12 Pena 142

TRÁFICO INTERNO DE PESSOA PARA FIM DE EXPLORAÇÃO SEXUAL 145
1. Introdução 146
2. Conceito 146
3. Objetividade jurídica 147
4. Sujeito ativo 147
5. Sujeito passivo 147
6. Tipo objetivo 148
7. Tipo subjetivo 149
8. Formas qualificadas 149
9. Consumação e tentativa 150
10. Concurso 150
11. Pena 150

ATO OBSCENO 153
1. Introdução 153
2. Conceito 153

3. Objetividade jurídica 154
4. Sujeito ativo 154
5. Sujeito passivo 155
6. Tipo objetivo 155
7. Tipo subjetivo 158
8. Consumação e tentativa 159
9. Pena 159

ESCRITO OU OBJETO OBSCENO 161
1. Introdução 161
2. Conceito 162
3. Objetividade jurídica 162
4. Sujeito ativo 163
5. Sujeito passivo 163
6. Tipo objetivo 163
7. Tipo subjetivo 167
8. Consumação e tentativa 168
9. Concurso 168
10. Espetáculos obscenos 169
11. Classificação 170
12. Distinção 171
13. Pena 171

AUMENTO DE PENA 173
1. Considerações 173

BIBLIOGRAFIA 177

PREFÁCIO

SOBRE LOS LÍMITES NORMATIVOS DE LA DIGNIDAD SEXUAL

Constituye un verdadero honor prologar una nueva obra del eminente jurista Profesor Dr. José Henrique Pierangeli, en este caso en coutoría con el reconocido Profesor de la Universidad Federal de Amapá, Carmo Antônio de Souza.

Respeto de los autores, toda referencia parecería sobreabundante, pues son ampliamente conocidos, no obstante me permito recordar algunos aspectos salientes de su personalidad.

José Henrique Pierangeli es un docente de nota en numerosos Centros Académicos de Brasil y del exterior, destacado ex-integrante del Ministerio Público de Brasil, gestor incansable de tantas iniciativas académicas y profesionales. Treinta años de fraterna amistad, lejos de contaminar la imparcialidad frente al autor y sus numerosas obras, me han permitido revalorizar de modo crítico y constante su removedores aportes a la doctrina brasileña y latinoamericana, a través de obras individuales de permanente consulta, cuyo ejemplo paradigmático lo constituyen "O consentimiento do ofendido na teoria do delito"(RT 1989) o la más reciente "Crimes contra a propiedade industrial – Crimes de concorrencia desleal"(RT

2003) y naturalmente también trabajando en fecunda co-autoría con el Maestro de todos Eugenio Raúl Zaffaroni. De estas "cuatro manos" surgieron obras paradigmáticas de la doctrina brasileña, en particular "Da tentativa" cuya primer edición publicó RT en 1985 y el clásico y multicitado "Manual de Direito Penal Brasileiro. Parte Geral" que a la fecha ya cuenta con ocho ediciones y constituye otro marcante acierto editorial de la prestigiosa Editora RT de San Pablo, que ha sabido acompañar desde siempre las inquietudes renovadoras del Profesor Pierangeli.

En cuanto a su actual compañero de aventura académica, Carmo Antonio de Souza, quien también he tenido el placer de conocer y valorar personalmente hace más de un lustro en Río de Janeiro, es reconocido Profesor en los Cursos de Graduados y Posgraduados en la Facultad de Derecho de la Universidad Federal de Amapá, Desembargador y ex Presidente del Tribunal de Justicia del Estado. Entre sus publicaciones corresponde destacar " *Fundamentos dos Crimes Omissivos Impróprios*" (Edit Forense, Río de Janeiro, 2003) y "Atentado *Violento ao pudor*" (Thomson-IOB, Sao Paulo. 2004) y otros valiosas contribuciones.

Abocados a la obra que hoy nos congratulamos en analizar, los autores parten del análisis de las alteraciones introducidas al Título VI de la Parte Especial del CPB por la Ley n. 12.015 de 07 de agosto de 2009, pero ciertamente, el tratamiento meticulosamente claro y crítico de los tipos penales emergentes de esos cambios normativos (tipos penales creados, suprimidos y modificados), de por sí extremadamente útil para todos, no agota el contenido de una obra que va mucho más allá, profundizado en el sentido garantista y racional (Principio de insignificancia y otros) que deben orientar la protección de los bienes jurídicos involucrados en la reforma, centralmente la libertad sexual, sus derivados (libre desenvolvimiento sico-sexual de los menores, libertad sexual del vulnerable) y moralidad pública sexual.

Reiteramos que mediante una estructura sumamente didáctica y ágil la obra analizada comienza con una interesante ubicación de cada tipo penal conforme a sus antecedentes, tanto histórico legislativos del Brasil, como del Derecho penal regional (abundan las citas al Derecho penal Colombiano y Argentino, entre otros) y continental europeo. Este análisis de los antecedentes, no se queda tan sólo en normas ya derogadas del sistema normativo brasileño, sino también vigentes (cuando no refiere a normas de derecho penal internacional). Esto facilita al lector el acceso a la norma primaria (es decir al mensaje prescriptivo de las conductas debidas) que no suele agotarse en el texto legal, esto es, en el enunciado legal (cfe. Mir Puig. "Derecho Penal, parte general", B de F, Buenos Aires, 2004; pág. 71). Bien por el contrario, el completo alcance de dicho precepto de mandato o prohibición emergerá únicamente de su cotejo integrado al total del orden normativo, tesitura que sin duda alguna compartimos.

Luego los autores se extienden en el referenciado análisis de la tipología, con especial énfasis, a la objetividad jurídica. Y ello nos parece clave desde el momento en que (tras puntualizar la importancia de la ubicación del enunciado legal en el contexto correspondiente dentro del Orden Normativo), será a través del correspondiente bien jurídico que se habrán de adquirir los elementos fundamentales (sine qua non) para la correcta interpretación del alcance del injusto penal (sin recaer en interpretaciones extensivas no apoyadas en la racionalidad de la norma).

Vemos muy acertada la ubicación del Bien Jurídico en dicho estadio del análisis del tipo de injusto, ya que le reconoce en su calidad de cerne de cuya efectiva magnitud, se propalará (Principio de la trascendencia dogmática del bien jurídico) toda interpretación del tipo penal y el alcance de la antijuridicidad material.

A continuación se analiza (para cada tipo en particular) los sujetos activos y pasivos del mismo; y demás elementos del tipo objetivo – en particular: el verbo nuclear o, más precisamente, los distintos elementos estructurales esenciales que componen dichas conductas desvaloradas por la norma primaria. En adición a esto, se procede luego (bajo un diferente subtítulo) a analizar (también para cada tipo penal en particular) la tipicidad subjetiva; ubicando el referenciado análisis dentro del marco de las más modernas teorías penales del continente europeo – tanto dentro de los parámetros finalistas como normativistas.

Rematan los mencionados análisis con un estudio detallado acerca del iter criminis (nuevamente haciéndose eco de las más modernas doctrinas penales), de las distintas formas concursales, de las alteratorias, de las penas y de las causas de impunidad.

En definitiva se está ante un análisis completo y exhaustivo de los injustos contra la Dignidad sexual del ordenamiento penal brasileño; mediante el cual se le permite al intérprete comprender a cabalidad las normas primarias penales subyacentes al conglomerado de disposiciones legales, y desde allí aplicar correctamente las respectivas normas secundarias. Y sobre esto último, cobran enorme trascendencia los principios derivados del Estado Democrático de Derecho y de la función de prevención general positiva, tales como el de insignificancia, y el de dignidad humana. Principios éstos a los que los autores explícitan e implícitamente convocan a lo largo y ancho de su obra.

Especial mención merecen las profusas citas a doctrina tanto nacional como extranjera, lo que permite recabar y compendiar no sólo los extremos que hacen a la generalidad del análisis hermenéutico de la norma primaria y secundaria, sino también desarrollar una vasta serie de circunstancias peculiares y particulares que hacen (especial hincapié) en la praxis del delito. Dentro de éste último marco, ubicamos los análisis de los tipos penales correspondientes al lenocinio y tráfico de personas con fines de explotación sexual (Ley 11.106/2003 y las modificaciones introducidas por la novel Ley 12.015/2009); el Tráfico interno de personas para el fin de explotación sexual; y el Tráfico Internacional de personas con el fin de explotación sexual.

Finalmente queremos señalar que nos parece acertada la denominación del Título, Crimes contra la Dignidad Sexual y tal innovación tiene implicancias en áreas muy sensibles referidas a los límites y sentido de la regulación normativa en un Estado Democrático. Al respecto nos permitimos realizar una pequeña disgresión.

La protección de la dignidad de la persona humana, en todos sus ámbitos, constituye hoy día, el primero de los principios inspiradores en la construcción de un Sistema Penal Democrático. Ya no como un mero paradigma programático, sino como fundamento neurálgico del Estado Democrático y primer muro de contención ante la prepotencia, discriminación, intolerancia e irracionalidad del Estado.

En lo atinente a la Dignidad Sexual, la protección de la dignidad de la persona humana debe servir de parámetro en la elaboración de políticas inclusivas que tiendan a integrar al Hombre, cualquiera sea su opción sexual dentro del colectivo. Concebida, ahora, ya no más como precepto puramente abstracto, sino como valor concreto de cada ser humano, el invocar a la dignidad sexual de la persona humana impide la elaboración de normas penales irracionalmente intolerantes y discriminatorias frente al libre ejercicio de la sexualidad, momento y lugar de expresión, así como legítima opción a la diversidad. Serán ilegítimas las normas que traten desigualmente, a los que participan de opciones sexuales diferentes, siempre y cuando tal realización de su libertad no colida con el libre desenvolvimiento sico-sexual de los menores, no afecte a sujetos especialmente vulnerables o se exteriorice agresivamente con parámetros democráticamente consensuados de moralidad pública.

Ello tiene relación con que la premisa de la protección de la dignidad sexual de la persona humana, radica en que el orden jurídico todo y no puede tomar al ciudadano como simple medio, sino como fin. Emerge por lo tanto la imposibilidad ontológica de que sus normas puedan provocar, un avasallamiento irracional a la libertad e intimidad, un aumento de la marginalización o una discriminación social irreversible de aquéllos que optan su sexualidad conforme a libre elección

La tradición literaria ha adjudicado al poeta Homero, haber señalado que en la mera expresión de Hombre, hay alguna dignidad intrínseca y ella no surgía de ninguna idea racional de la esencia del hombre, sino más bien del hombre empírico y sus atributos.

Esa Dignidad inherente al hombre radica: (1) en que posee la luz del entendimiento y la capacidad de distinguir y de elegir. Ello, por ser un ser éticamente libre; (2) en su sociabilidad, entendida como capacidad de libre vinculación al orden ético social de la comunidad.

Esta Dignidad corresponde, de modo igual, a todos los hombres, tanto aquel que consideramos respetuoso de las costumbre y moralidad sexual prevalente, como aquel que decidiera apartarse por completo de las mismas, sin afectar la libertad sexual ajena, en los términos normativos y culturales ya mencionados.

No existe razón para negar que una decisión semejante no sea expresión de un hombre éticamente libre. Estos sujetos que optan en libertad y respetando la correlativa libertad del colectivo, deben también ser reconocidos como personas responsables y ser tratadas como tales, es decir, de acuerdo a su intrínseca dignidad humana. Si nos situamos en le plano ontológico de la Dignidad humana, no hay ninguna base para excluir a ningún hombre de la sociedad, pues esa Dignidad la tienen todos por igual y no puede ser negada a ninguno.

Esta concepción de normativismo atemperado por la confluyente y garantista incidencia de principios inherentes a la dignidad humana está subyacente en la obra comentada y logra que las consideraciones técnicas sobre los tipos penales analizados por los autores "respiren" y trasciendan de la clara exposición a una doble lectura fermental de sus conclusiones. Decididamente, una obra magistral, que no por ser autoría de entrañables y respetados colegas, deja de ser tal.

Raúl Cervini
Catedrático y Director del Departamento Penal
Universidad Católica del Uruguay.
Profesor Efectivo G4) Facultad de Derecho UDELAR.

APRESENTAÇÃO

A Parte Especial do Código Penal brasileiro é da primeira metade do século passado e já ultrapassou seus 60 anos de idade sem que se perceba qualquer tentativa efetiva e concreta de elaboração de um novo Código. A construção de um novo diploma abarcando as quase incontáveis condutas típicas espalhadas pela legislação extravagante, ao lado da necessária revogação de outros inúmeros tipos penais que perderam relevância social, seja pelas mudanças culturais, políticas e econômicas, seja apenas pelo já longo período de sua existência, por si só já justificaria que o Congresso Nacional cuidasse disso.

A história das últimas duas décadas demonstra que o Congresso Nacional e os governos desse período preferiram fazer alterações parciais, criando novos tipos penais, muitos inseridos em capítulos com os quais não têm real pertinência, revogando condutas socialmente reprováveis imaginando que essas estariam alcançadas por outros tipos penais. Essa opção legislativa, além de romper com a unicidade do Código de HUNGRIA, exige a elaboração de novos trabalhos doutrinários para atender a imensa demanda que se forma sempre que a Lei Penal é modificada.

Nesse contexto, em setembro de 2009 entrou em vigor a Lei nº 12.015 de agosto do mesmo ano, que alterou profundamente o Título VI da Parte Especial do nosso Código Penal. Certamente foi a modificação mais abrangente, profunda e radical que um capítulo já recebera nas sete décadas do Código.

O conhecido Título "Dos Crimes Sexuais", elaborado sob a inspiração das décadas de 20 e 30 do século XX, já não mais atendia o Brasil do novo milênio. Muitas foram as mudanças apresentadas no novo texto legal, a começar de sua nova denominação "Dos Crimes contra a Dignidade Sexual".

Esta breve explanação demonstra, creio, a necessidade da elaboração de um trabalho doutrinário que cuide à exaustão de todas as alterações produzidas na Lei 12.015 e é exatamente isto que os autores se propõem. O livro CRIMES SEXUAIS de autoria de José Henrique Pierangeli e Carmo Antônio de Souza faz precisamente isto. Os autores examinam pormenorizadamente cada inovação apresentada, comentam, com o talento de quem conhece o Direito Penal e de quem trabalha com ele no dia a dia, os artigos, parágrafos e incisos modificados. Isto sem deixar de apresentar críticas quando devidas, especialmente à não realização de alterações mais contundentes ainda e de aplaudir merecidamente as corretas opções legislativas efetuadas.

O texto, além de ser claro e objetivo, é intelectualmente sério, doutrinariamente rico e de rigoroso trato científico. Claro que nada disto surpreende quando se sabe que os autores da presente obra são o Professor José Henrique Pierangelli e o também Professor Carmo Antônio de Souza. PIERANGELI é um dos doutrinadores brasileiros mais respeitados não apenas em nosso país, mas também no exterior. É autor de importantíssimos trabalhos dentre os quais merecem ser apontados *Da Tentativa, Manual de direito penal brasileiro,* ambos em co-autoria com ZAFFARONI, *O Consentimento do Ofendido, Códigos Penais do Brasil – Evolução histórica, Escritos jurídico-penais.* Ao lado disso trilhou um belo caminho pela carreira do Ministério Público do Estado de São Paulo, foi e é Professor de Direito Penal ao longo de sua produtiva vida intelectual. É um conferencista primoroso e requisitado parecerista.

Por sua vez Carmo Antônio de Souza é Mestre e Doutor em Direito Penal além de ser Professor desta disciplina na Universidade Federal do Amapá. É autor de diversos trabalhos acadêmicos e profissionais sobre sua área de atuação. Ao lado disto exerce a magistratura como Desembargador do Tribunal de Justiça do Estado do Amapá com o dom de possuir as qualidades que todo bom juiz criminal deve ter para julgar seu semelhante

Todos esses atributos lhes dão a capacidade indispensável à elaboração do trabalho que ora nos apresentam e que a Editora Del Rey publica. Tenho certeza que este livro merecerá tanto dos profissionais forenses como dos professores e estudantes universitários o justo reconhecimento, não apenas ao talento de seus autores, mas também à propriedade, qualidade e atualidade do texto.

Hermes Vilchez Guerrero
Membro do Conselho Editorial da Del Rey.
Professor de Direito Penal na Faculdade
de Direito da UFMG.

NOTA À SEGUNDA EDIÇÃO

Decorridos aproximadamente quatro anos da primeira edição, evidente que é motivo de orgulho e alegria para qualquer autor receber o convite da editora para a reedição do livro.

Contudo, no caso específico de "Crimes Sexuais", lamentável que tenha que fazer isso sozinho, sem a companhia do meu grande amigo José Henrique Pierangeli, falecido no dia 10 de abril de 2012, em razão de um câncer.

A ideia do trabalho conjunto surgiu quando comemorávamos o aniversário de 74 anos dele no sítio da família, em Brotas-SP. Naquela manhã, assim que acordei, convidei-o para que escrevêssemos um livro sobre crimes contra a dignidade sexual e Pierangeli aceitou imediatamente a proposta.

Feitas essas considerações, gostaria de registrar que a obra foi modificada e atualizada para guardar coerência com as leis publicadas após a primeira edição.

Por fim, um agradecimento aos que tão bem acolheram o livro e ao estímulo da Editora Del Rey, que tornaram possível essa publicação.

Macapá, verão de 2014

Carmo Antônio de Souza

ESTUPRO

Art. 213. Constranger alguém, mediante violência ou grave ameaça, a ter conjunção carnal ou a praticar ou permitir que com ele se pratique outro ato libidinoso:

Pena – reclusão, de 6 (seis) a 10 (dez) anos.

§ 1º Se da conduta resulta lesão corporal de natureza grave ou se a vítima é menor de 18 (dezoito) ou maior de 14 (catorze) anos:

Pena – reclusão, de 8 (oito) a 12 (doze) anos.

§ 2º Se da conduta resulta morte:

Pena – reclusão, de 12 (doze) a 30 (trinta) anos.

1. INTRODUÇÃO

No Direito brasileiro, o estupro é uma das mais sérias formas de ataque à liberdade sexual. Representa um atentado contra a livre disposição do corpo e da vida sexual que a pessoa elegeu.

Ainda que usualmente punido, ao longo dos tempos, com penas crudelíssimas, como a de morte, mutilação, castração, vazamento dos olhos, esse crime sempre ocorreu, principalmente, em razão de os autores confiarem na impunidade, até porque esse tipo de delito ocorre de forma velada, o que torna a identificação do agente mais difícil.

2. CONCEITO

O estupro é crime invariavelmente considerado grave por todas as legislações. Em todos os estatutos seus elementos constitutivos são a violência ou a grave ameaça. Variáveis são os seus elementos normativos, também chamados de culturais.

No Direito Canônico, o delito só se perfazia em face da virgindade da ofendida. Algumas legislações pretéritas, entre elas os nossos códigos de 1830 (art. 222) e de 1890 (art. 268), consideravam a honestidade da vítima pressuposto do crime. O Código Imperial (art. 222) e o primeiro Código Republicano (art. 268, § 1º) puniam com penas mais benevolentes o estupro praticado contra *mulher pública ou prostituta.*

O Código Imperial usou a denominação estupro em um sentido bastante genérico, de sorte a compreender outros delitos sexuais, além daquele em que a mulher é subjugada.

O estupro, assim designado na atualidade, era chamado pelos práticos de *stuprum violentum,* estabelecendo, dessa forma, uma diferenciação que os romanos não conheceram.

Na modernidade, o estupro ficou conhecido como *violenza carnale* e o termo *violação* é empregado pela maioria das legislações latino-americanas, por força da tradição espanhola. O Código Espanhol (1995), ainda que procure se afastar da terminologia tradicional, em seu art. 179 vale-se da expressão *violação* ao se referir às agressões sexuais. O nosso Código Criminal do Império, que era bastante avançado para sua época, ao cuidar do estupro seguiu a tradição romana, em que o vocábulo *stuprum* abrangia todas as relações carnais ilícitas.

O Código de 1890, por seu turno, já foi dotado de melhor técnica e conceituou o estupro como cópula violenta: "Art.

269. Chama-se estupro o ato pelo qual o homem abusa, com violência, de uma mulher, seja virgem ou não". Restringia, pois, o âmbito do delito, cuja proteção alcançava apenas a mulher.

Na verdade, o estupro não deixa de ser uma forma especial de constrangimento ilegal trasladada para a classificação dos crimes contra a liberdade sexual, orientado pela lascívia.

O Código vigente, com a redação que lhe deu a Lei 12.015/2009, não faz qualquer distinção entre agentes e vítimas, que tanto podem ser homens quanto mulheres: "constranger *alguém*, mediante violência ou grave ameaça, a ter conjunção carnal ou a praticar ou permitir que com ele se pratique outro ato libidinoso".

3. OBJETIVIDADE JURÍDICA

O bem juridicamente tutelado é a liberdade sexual do homem e da mulher, que têm o direito de dispor de seus corpos de acordo com sua eleição.

Jorge de Figueiredo Dias, ao comentar crime semelhante na legislação portuguesa, observa que a lei protege a autoconformação da vida e da prática sexuais da pessoa. Nas palavras do professor português, cada pessoa adulta tem o direito de determinar-se como quiser em matéria sexual, seja quanto às práticas a que se dedica, seja quanto ao momento ou ao lugar em que a elas se entrega, seja parceiro, também adulto, com quem as partilha. Se e quando essa liberdade for lesada de forma importante a intervenção penal será, então, legitimada e, mais do que isso, tornar-se-á necessária.

Acresça-se que essa faculdade atribuída a cada pessoa não desaparece mesmo quando ela se dá a uma vida libertina, pois, nesse caso, ainda que comercialize o corpo, mantém a faculdade de aceitar ou recusar a pessoa que solicita seus favores.

4. SUJEITO ATIVO

Com a nova redação dada ao art. 213 do CP, o sujeito ativo pode ser qualquer pessoa, homem ou mulher, porque qualquer deles pode constranger alguém à prática da conjunção carnal ou de ato libidinoso diverso.

A conjunção carnal caracteriza-se pela penetração total ou parcial do pênis na genitália feminina (*introductio penis intra vas*), com ou sem o objetivo de procriação e com ou sem ejaculação ou gozo genésico.

Discutível na doutrina é a possibilidade da prática do crime pelo marido contra sua mulher, ou desta contra o marido. Na vigência da lei anterior, Nélson Hungria, Paulo José da Costa Júnior e Magalhães Noronha, sob fundamento de que o casamento pressupõe o dever de prestação sexual entre os cônjuges, não admitiam a possibilidade do delito no âmbito conjugal, e só em casos especialíssimos poderia haver a recusa da esposa ao ato sexual (marido atacado por doença venérea, por exemplo).

Contudo, na atualidade, nenhum autor mais defende essa tese e, diante da unificação do estupro e do atentado violento ao pudor na mesma disposição, marido e mulher podem ser sujeitos ativo e passivo do delito.

Se a mulher, por sua natureza estrutural, não pode efetuar uma penetração, não se lhe exclui a possibilidade de constranger o marido à prática de outros atos libidinosos, *v.g.*, *a felação* e a heteromasturbação, atos que se inserem no amplo campo da satisfação da lascívia (antes considerados como atentado violento ao pudor).

Isso ocorre porque o gênero é o ato libidinoso, do qual a conjunção carnal é espécie. Daí escrever Guilherme de Souza Nucci que, "para efeito de tipificação do estupro, há de se respeitar a separação dos atos libidinosos: conjunção carnal ou outro ato qualquer".

5. SUJEITO PASSIVO

Pode ser qualquer pessoa, homem ou mulher. Em data anterior à vigência da Lei 12.015, a doutrina considerava o estupro um crime bipróprio, por exigir condição especial do sujeito ativo (homem) e do sujeito passivo (mulher). Procedida a reforma, o delito passou a ser bicomum. Assim, é correto afirmar que o estupro pode ser cometido por mulher contra homem, por homem contra mulher, por mulher contra mulher e por homem contra homem.

O Código Penal brasileiro, após a Lei 12.015/2009, rompeu com a tradição originária das Ordenações, que considerava ser unicamente a mulher sujeito passivo do crime de estupro. O homem, por mais aviltante que fosse o ato contra ele praticado, não podia ser vítima desse delito. Nesse ponto, o nosso Código de 1940 havia se afastado do Código italiano de 1830, que englobava vítimas de ambos os sexos.

Pela opção feita, a nossa legislação penal sofreu várias críticas, sendo uma das mais contundentes a de Magalhães Noronha:

> Não encontramos razões de grande peso para excluir o homem como sujeito passivo do delito. Geralmente cometido contra meninos, tal estupro não só viola profundamente os sentimentos de moralidade média da sociedade como denuncia, patentemente, a perversão e a periculosidade do autor, caracterizado, neste caso, pelo coito anal ou pela *fellatio in ore*, não é necessário esclarecer que esses atos são alguma coisa a mais que atentados ao pudor, degradando e aviltando a vítima.

Agora, com a entrada em vigor da Lei 12.015/2009, a legislação brasileira, nessa particularidade, alinha-se ao ordenamento jurídico das nações mais evoluídas do mundo ocidental, ainda que com um atraso de algumas décadas.

6. TIPO OBJETIVO

Com a redação dada pela Lei 12.015, de 7.8.2009, no art. 213 do CP foram unificados os crimes de estupro e de atentado violento ao pudor.

Temos, portanto, um tipo chamado de cumulativo-alternativo, que também é tido como misto alternativo e de conteúdo variável. Com esse entendimento, havendo as duas condutas, ocorrerá crime único.

Para outra corrente que se forma, trata-se de tipo misto cumulativo, em que os dois delitos são distintos e autônomos, o que obriga a aplicação de penas por ambos os delitos, desde que os atos luxuriosos não constituam preliminares da relação sexual (*praeludia coiti*).

O verbo típico é *constranger*, que significa forçar, compelir, obrigar, tolher. Portanto, na estrutura típica em estudo, a conduta incriminada consiste em forçar alguém, mediante violência ou grave ameaça, à conjunção carnal ou a praticar ou permitir que com ele se pratique outro ato libidinoso. A palavra *forçar* foi usada pela antiga legislação portuguesa, na chamada *lei da mulher forçada*[1]. A mulher violentada, consoante a lei da época, deveria levantar as vestes e fazer sinal de forçada. O verbo constranger, portanto, assume o exato sentido da antiga legislação lusitana de que a pessoa se vê obrigada ao coito ou à prática de outro ato libidinoso diverso da conjunção carnal.

A *conjunção carnal* é elemento normativo ou cultural do tipo, cuja valoração deve-se buscar fora do direito, mais precisamente na Medicina Legal ou na ciência médica.

A Lei 12.015/2009 acrescentou ao conceito, que se restringia à conjunção carnal violenta, a prática de outro ato libidi-

---

1 Encontrável no chamado *Livro de Leis e Posturas*, que foi achado entre o lixo nos baixos da Torre do Tombo, em 1633, mas cuja data de edição permanece ignorada.

noso, que antes compunha o art. 214 (atentado violento ao pudor), agora revogado. Não se compreende, por conseguinte, na expressão conjunção carnal, o *coito oral*, *anal*, a *cópula interfêmora, axilar*, *vulvar*, *entre os seios etc.*, que também são manifestações sexuais de amplo significado libidinoso, mas que agora cabem dentro da segunda parte do tipo penal em exame, que anteriormente definia o delito de atentado violento ao pudor (art. 214 do CP).

Com a atual redação, nosso Código harmoniza-se com o português e o espanhol, ambos do ano de 1995, que expressamente se referem, respectivamente, à violação e agressão sexual carnal a outra pessoa, abrangendo, pois, a cópula anal e oral. Entre outros códigos que adotam a mesma solução indicamos o peruano, o paraguaio, o costarriquenho e o cabo-verdense.

Portanto, para o nosso Código Penal, com a reforma realizada, o coito anal e o coito oral, quando praticados com pessoa de qualquer sexo sem o seu consentimento válido, serão estupro (art. 213 do CP).

Para a materialização da conjunção carnal, a introdução do membro masculino na cavidade sexual feminina pode ser total ou parcial, com ou sem ejaculação. Indispensável, todavia, é que ocorra penetração, completa ou incompleta. Consequentemente, a cópula vulvar ou vestibular não está compreendida na expressão conjunção carnal. Não nos parece ajustado o entendimento, por parte minoritária da doutrina, de que basta a pressão feita com o pênis sobre a vulva para a existência de conjunção carnal. A expressão *conjunção carnal* não admite tamanho elastério e sua adoção enseja analogia *in malam partem.*

A cópula vulvar, anal, oral, bem assim a introdução de dedos no conduto vaginal não significam conjunção carnal, mas estão abrangidas pela expressão *outro ato libidinoso*; na legislação anterior eram consideradas atentado violento ao pudor e a lei atual passa a classificá-las como formas de estupro. Sendo assim, o uso de instrumentos mecânicos ou artificiais, acoplados ou não ao pênis (pênis artificial, "vibrador"), introduzidos no conduto vaginal ou no ânus, constituem estupro.

Outra questão a enfrentar liga-se à gravidez. Se essa ocorre, deve-se considerar existente a conjunção carnal? A questão, que pode ser fácil de solucionar em uma visualização médico -legal, sob a ótica jurídica é mais complexa, tendo em vista o princípio da legalidade. Almeida Júnior, por meio de um conceito médico, escreve:

> Do ponto de vista biológico, a gravidez representa a consequência específica da conjunção carnal, ao passo que não acompanha os demais atos libidinosos. Onde houver gravidez, é porque houve conjunção carnal. E será profundamente chocante dizer-se que determinada moça, com o ventre avolumado pela gestação, ou já no puerpério, é ainda virgem.

Apesar do respeito que o autor acima merece, comungamos de opinião diferente e explicamos os motivos. Primeiro, porque o autor adicionou à questão um componente ético, a nosso ver, dispensável; segundo, porque pode a gravidez ter origem com a prática de ato libidinoso diverso da conjunção carnal, diante da mobilidade do espermatozóide.

Mas a distinção já perdera sua importância com a Lei 8.072/90, que equiparara as penas do atentado violento ao pudor às do estupro. Agora, para os efeitos penais, nenhum relevo possui, salvo o conceitual, que foi ignorado pelo legislador.

O delito exige o dissenso da pessoa, homem ou mulher, pois quando há o consentimento válido não há constrangimento. São realidades que se opõem. O dissenso, que deve ser expresso e só excepcionalmente presumido, também deve ser sincero e positivo, mas não se exige uma oposição irresistível ou que constitua um ato de heroísmo. Não basta, portanto, um simples não, porque se requer uma real oposição. É o que ensina Nélson Hungria:

> O dissenso da vítima deve ser sincero e positivo, manifestando-se por inequívoca *resistência*. Não basta uma platônica ausência de adesão, uma recusa meramente verbal, uma oposição passiva e inerte. É necessária uma vontade decidida e militantemente contrária, uma oposição que só a violência física e moral consiga vencer. Sem duas vontades embatendo-se em conflito, não há estupro.

Deve mesmo ser sincera a oposição, porque se apenas representam simples reservas mentais ou palavras de protesto, esse comportamento pode significar somente uma relutância diante do assédio violento e não uma intransigente repulsa. Mas ainda não é só: a resistência deve ser constante, exercida até o último momento.

Não se pode esquecer que violência significa *força física* e *grave ameaça*, que pode ser empregada por uma ou mais pessoas, hipótese que pode revelar um concurso de agentes. E, ainda, se a oposição à lascívia do agente deve ser constante, não significa que a vítima deva chegar à exaustão, ao esgotamento de suas forças (RT 608/381), pois não se pode tomar por adesão da vítima o abandono de si mesma por exaustão de suas forças, trauma psíquico ou inibição trazida pelo medo. Nélson Hungria faz outra ressalva, sem dúvida procedente:

> É bem de ver que se à violência do agente não corresponde a repulsa da vítima quanto à conjunção carnal, como, por exemplo, no caso do atentado sádico (consciente a vítima *ante coitum*), não será reconhecível o estupro, mas outro crime. Em tal caso, a mulher, passando a resistir, não o faz em defesa de sua liberdade sexual, mas de sua integridade física ou de sua vida.

Essa oposição é penalmente irrelevante, mas claro está que apenas para o delito sexual. A lição continua válida mesmo quando se amplia a proibição para abarcar, além da conjunção carnal, outros atos libidinosos por ela não abrangidos.

Outra é a solução quando ocorre uma resistência ao ato inicial e posterior adesão à relação sexual, porquanto o consentimento posterior não guarda qualquer conexão com o delito, que já ocorreu. São momentos distintos, conquanto ocorram em uma sequência, um em seguida ao outro.

Também atos de libidinagem anteriores não impedem o reconhecimento do crime em estudo, uma vez que o consentimento ou adesão a tais atos não significa, por si só, assentimento ao coito vagínico. Há que se considerar no caso concreto as particularidades da ofendida, a sua compleição física, seu temperamento e até mesmo o temor decorrente das circunstâncias (RJTJRS 180/142).

A violência de que fala o Código é a efetiva ou real, capaz de paralisar a vontade da vítima, e deve ser empregada para a consecução da cópula vagínica ou de outros atos libidinosos. Afasta-se, portanto, a força empregada contra coisas, como a empregada contra a porta da habitação. Em tal hipótese, a ação pode, conforme as circunstâncias, configurar a grave ameaça.

Juan Bustos Ramírez salienta que o determinante é ter a conduta do agente efeito determinante para o término da resistência da vítima, no que concorda com Muñoz Conde e González Rus. Para ele, também é possível a intimidação mediante o emprego de força sobre as coisas e, dessa forma, pode ser considerado "suficientemente grave" alguém ameaçar mediante a destruição de uma colheita, único sustento de uma mulher viúva e de seus filhos.

Claro está que o exemplo se refere a uma situação excepcional, mas mesmo sendo um exemplo extraordinário está por merecer atenção por colocar um componente novo na teoria desse crime. Anote-se que por grave ameaça se entende aquela que é séria, realizável imediatamente ou em curto espaço de tempo e cuja execução fica ao alvedrio do ameaçador. Quando o agente, além da ameaça contra a vítima, também intimida terceiros, haverá concurso de delitos. Portanto, se aquele, com um punhal, ameaça de morte a mulher e o filho dela, com o intuito de obrigá-la a manter relação sexual, haverá concurso de crimes, mas a violência empregada contra a mulher, como meio executivo que é, resta absorvida. Por conseguinte, a vítima cede para impedir a ocorrência de um mal maior. Pode-se, pois, concluir que é o *medo* que determina a opção forçada da vítima. Mas vale ressaltar, e aqui estamos com Nélson Hungria, que em tal situação não se considera o medo supersticioso e o temor reverencial.

A doutrina menciona a possibilidade de existir estupro durante o sono, já que a liberdade de opção no âmbito da vida sexual não fica anulada quando a pessoa se encontra nesse estado. Por isso, se o agente pratica a conjunção carnal ou outro ato libidinoso contra a vítima entregue ao sono, presume-se que o constrangimento aconteceu.

Contudo, difícil de aceitar que, em uma situação de sono normal, a vítima não acorde no momento em que o agente esteja, por exemplo, introduzindo-lhe objetos ou o membro viril no ânus ou na vagina. Exatamente por isso, em se tratando de pessoa virgem, impossível, parece-nos, que o ato sexual possa ocorrer em meio a um sono natural.

Diversa é a situação diante de um estado letárgico. A letargia, como se sabe, é um estado patológico observado em várias afecções do sistema nervoso e que leva ao sono profundo e duradouro, do qual a pessoa acometida pode despertar com dificuldade temporariamente. Durante esse sono, que não é o normal, pode ocorrer o estupro.

Haverá também o delito quando a vítima se encontra sedada em meio a um tratamento psiquiátrico. O mesmo ocorre com o sonambulismo, epilepsia, modorra, desmaio, estado comatoso e de paralisia, quando a vítima pode ser violada sem resistência.

Pode ocorrer ainda o estupro quando a vítima estiver sob o efeito de embriaguez completa proveniente de caso fortuito ou força maior produzida por álcool ou substância de efeitos análogos. É a denominada embriaguez acidental.

Porém, cabe aqui a lição de Basileu Garcia:

> (...) é comum, mas em geral não convence, a alegação do uso do álcool, como expediente para anular a resistência da vítima. Casos de relações consentidas aparecem frequentemente nos tribunais como estupro, em que a paciente teria sido embriagada pré-concebidamente pelo réu. Não quero dizer que isso não seja possível. É perfeitamente possível. Mas é menos encontrável do que o *inculpam pseudo* vítimas, cuja alcoolização pode ter surgido imprevistamente numa noitada de intemperança alegre, com o consequente estado de aproximada inconsciência, nem total, nem provocado intencionalmente.

Conquanto a lição do mestre tenha sido exposta na vigência da lei anterior, continua válida para abranger não só a mulher, mas também qualquer pessoa.

Mas os problemas não ficam nisso. O estado de embriaguez pode ocorrer em duas situações: na primeira, a vítima ignora a força tóxica da bebida ingerida (embriaguez acidental); na segunda, tendo ou podendo ter esse conhecimento, ela ingere a bebida voluntária ou culposamente (embriaguez não acidental), embriagando-se na companhia de uma pessoa. Nessas últimas situações, há que se perquirir se entre o agente e a pessoa ofendida existia um relacionamento anterior, isto é, relações sexuais já realizadas, pois, se isso ocorre, presume-se o consentimento, ainda que tal presunção seja apenas relativa, admitindo prova em contrário.

Outros autores vão ao extremo, excluindo qualquer possibilidade de delito nessa situação. Esse posicionamento doutrinário, para nós, é inaceitável, uma vez que cria uma presunção absoluta ou, quando não, inverte o ônus da prova.

Anote-se que, para a configuração do delito, importância nenhuma assume ter a vítima, passado o seu estado de ebriez, manifestado sua aceitação ao ato sexual. O crime não só já estará consumado, como também exaurido. Entre nós, essa situação se resolve no campo do direito processual, com a não representação.

Com o hipnotismo a questão é ainda mais complexa. O hipnotizador se converte em dono da ação e se o hipnotizado em tal situação pratica um delito, estima-se existir um caso de autoria mediata. Mas o que interessa para o desenvolvimento deste trabalho é a consideração do hipnotizado como sujeito passivo, sujeição que se equipara à violência como meio apto ao cometimento de delitos, mesmo porque, quando hipnotizada, a vítima está impedida de opor resistência. Isso pode ocorrer nos crimes de estupro, tanto quando há conjunção carnal quanto na prática de outros atos libidinosos, nos quais o autor exerce a sugestão hipnótica sobre sua vítima, visando alcançar o seu propósito.

Outras questões ainda merecem ser enfocadas.

Inicialmente, questiona-se qual será a extensão que se deve dar, para efeitos penais, a atos libidinosos de escassa gravidade. Se tais atos apresentam restrita significação, deve ser aplicada a Lei de Contravenções Penais e não o Código Penal: a) o art. 61 (importunação ofensiva ao pudor), se o lugar da prática do ato for público ou acessível ao público; b) ou o art. 65 (perturbação da tranquilidade), quando o local não for público, nem acessível a este.

De se considerar que o legislador português, preocupado com a possibilidade de uma punição grave para um fato de escassa significação, introduziu ao tipo penal a expressão *ato sexual de relevo*. Destarte, se o coito vagínico, anal, oral, vulvar, etc. podem ser considerados atos sexuais de relevo, não o será o beijo lascivo, nem o sobrepor o corpo a uma pessoa vestida. Os últimos podem ser, sem dúvida, atos libidinosos, mas não são relevantes a ponto de merecer uma pena de seis a dez anos de reclusão.

Outra questão importante: a revogação do art. 214 e a trasladação da proibição para o art. 213 produz efeito de *abolitio criminis*? Para nós a resposta é negativa. O fato praticado pelo agente continua sendo delituoso. Só ocorrerá abolição quando ele deixa de ser considerado crime, nos termos do art. 2º do CP. Com a nova redação, o art. 213 abarcou todas as hipóteses do art. 214 (atos libidinosos diversos da conjunção carnal), não se podendo aceitar a tese de que a lei posterior deixou de considerar tais atos como criminosos. Não é demais repetir: o fato continua delituoso, só que agora previsto no art. 213 do CP.

7. TIPO SUBJETIVO

Trata-se de crime exclusivamente doloso, e o dolo se expressa como consciência e vontade de realizar a conduta proibida, consistente em constranger, forçar, obrigar alguém à conjunção carnal ou ao ato libidinoso.

Para vários autores, além do dolo, o tipo exige um especial fim de agir, dogmaticamente denominado elemento subjetivo do tipo (ou do injusto), que na doutrina tradicional era chamado de dolo específico e que representa o intuito de manter conjunção carnal ou praticar atos lascivos com alguém (Heleno Fragoso, Paulo José da Costa Júnior, Álvaro Mayrink da

Costa, Cezar Roberto Bitencourt, Guilherme de Souza Nucci, Júlio Fabbrini Mirabete e Celso Delmanto).

Para outros, o fim libidinoso já faz parte da própria estrutura da ação típica, razão pela qual o dolo é suficiente para a estruturação do tipo subjetivo. Consoante Alberto Silva Franco, o fim libidinoso "já está abrangido pelo dolo do agente, não sendo imprescindível para a configuração do injusto".

Para o autor paulista, o que é essencial para o reconhecimento do delito é o dolo, ou seja, a vontade consciente e livre de constranger alguém, por meio de violência ou grave ameaça, a suportar ou a realizar contra sua vontade ato libidinoso. Esse entendimento é defendido também, dentre outros, por Fernando Capez e Rogério Sanches Cunha.

8. PRINCÍPIO DA INSIGNIFICÂNCIA

O Código Penal português, conforme verificado anteriormente, no que tange à estruturação dos tipos que tutelam a liberdade sexual, teve o cuidado de ressalvar que, para a existência dos crimes que elenca, devem obrigatoriamente ser relevantes (*acto sexual de relevo*), nele se inserindo, *v.g.*, a cópula anal, oral, interfemoral.

Figueiredo Dias explica que, ao exigir que o ato sexual seja de relevo, a lei impõe ao intérprete que afaste da tipicidade não só os atos insignificantes (função negativa), mas que investigue do seu relevo na perspectiva do bem jurídico protegido (função positiva). Nesse contexto, ficariam excluídos do tipo os atos que, embora "pesados" ou em si "significantes" por impróprios, desonestos, de mau gosto ou despudorados, não entravem de forma importante, pela sua pequena quantidade, ocasionalidade ou instantaneidade, a livre determinação sexual da vítima.

Porém, o legislador penal brasileiro não seguiu o bom exemplo dos nossos coirmãos portugueses, perdendo uma chance de ouro para fazer, como fizeram as legislações mais avançadas, uma nítida distinção entre os atos libidinosos relevantes e irrelevantes. E a consequência dessa opção é que são enquadráveis, no mesmo tipo penal, condutas tão díspares como um beijo lascivo e um coito anal. Nesse contexto, se para grande parte da doutrina parece exagerado o mínimo de seis anos de reclusão para uma relação vaginal, anal ou oral forçada (lembrando que esse é o mesmo patamar inicial previsto para o homicídio simples), parece-nos inconcebível cominar-se essa mesma pena para um beijo roubado, ainda que lascivo, ou para uma apalpadela nas partes pudendas da vítima.

Nessa mesma linha de raciocínio, observa Luíza Nagib Eluf que a nova lei, ao invés de corrigir o que ela chamou de "excesso de abrangência" e separar as condutas, "acabou repetindo a frase que abarca tudo, punindo com seis anos de reclusão, no mínimo, um beijo lascivo".

Entre nós, diante do grau reduzido de reprovabilidade da conduta, da inexpressividade da lesão jurídica e do princípio da proporcionalidade, defendemos que resta ao julgador aplicar uma das seguintes soluções: a) a contravenção do art. 61 (importunação ofensiva ao pudor) ou do art. 65 (perturbação da tranquilidade); b) ou o princípio da insignificância ou da bagatela.

Ao desenvolver pensamento semelhante, concluem Paulo e Sílvio Teotônio que essa solução evita a mera utilização da máquina judiciária para manutenção "de privilégios e aplicação de punições injustas e contrárias à lógica do que é razoável e dentro da medida do certo e do justo".

9. CONSUMAÇÃO E TENTATIVA

A consumação acontece com a prática do ato libidinoso, gênero que tem a conjunção carnal como espécie, o que concede ao delito sua característica de crime instantâneo e material.

Na hipótese de conjunção carnal, a consumação ocorrerá com a introdução, completa ou incompleta, do pênis na vagina, introdução essa que não precisa ser profunda. Porém, o simples contato do órgão sexual masculino com a vulva não consuma relação vaginal, podendo enquadrar-se na figura "outro ato libidinoso".

Também não se exige que o agente tenha ejaculado, nem rompido o hímen. Nessa hipótese, pode acontecer que o hímen da vítima seja complacente ou mesmo que as diminutas dimensões do órgão masculino não sejam suficientes para o desvirginamento.

A tentativa é possível e se dará com a execução incompleta do crime por circunstâncias alheias à vontade do agente. Sem início de execução não há tentativa, posto que a cogitação e os atos preparatórios são impuníveis.

Tem-se que a consumação do crime em análise realiza-se com a execução completa de duas fases: a) o início de execução, com a prática de constrangimento, mediante violência ou grave ameaça; e b) a conjunção carnal.

Para Ney Teles, haverá início de execução quando o agente realizar o ato violento contra a vítima ou quando proferir ou realizar a grave ameaça. Para o autor goiano, desnecessário para o reconhecimento do *conatus* que a vítima tenha sido despida ou que haja contato corporal. Contudo, segundo entendimento dele, sem o contato corporal o reconhecimento da tentativa "dependerá de prova inequívoca de que o agente pretendia a conjunção carnal".

Devemos observar que tais comentários foram feitos antes da reforma introduzida pela Lei 12.015/2009. Contudo, em parte continuam válidos, desde que feitas as devidas adaptações.

Assim, conforme se viu, na conjunção carnal a consumação e a tentativa são perfeitamente admitidas e não apresentam maiores dificuldades.

No entanto, os problemas começam a surgir na abordagem da segunda parte do art. 213, que abrigou o art. 214, vale dizer, "ou praticar ou permitir que com ele se pratique outro ato libidinoso". Observamos uma vez mais que essa trasladação não significa *abolitio criminis,* mas apenas uma mudança estrutural do Código, que estimamos não ser das mais felizes.

Pois bem. Em relação aos atos libidinosos, parte das observações relativas à conjunção carnal é aplicável. Como nessa, o crime é material, por descrever conduta e resultado, além de exigir a produção deste para a consumação.

O início de execução ocorre também com a prática da violência ou da grave ameaça. Já a consumação dá-se com a prática do ato libidinoso diverso da conjunção carnal.

Mas os atos libidinosos diversos da conjunção aceitam a tentativa?

Entre os autores brasileiros da atualidade não há discrepância: ela é admissível (Damásio de Jesus, Luiz Regis Prado, Cezar Roberto Bitencourt, Fernando Capez, Ney Teles, Guilherme Nucci, Rogério Greco, Luiz Flávio, Rogério Sanches Cunha, Paulo José da Costa Júnior, Alberto Silva Franco, dentre outros). Já Galdino Siqueira, Rodrigues Teixeira e Bento de Faria, doutrinadores do século passado, viam-na como impossível. O primeiro, concordando com os doutrinadores franceses, ao comentar o art. 266 do Código Penal brasileiro de 1890, afirmou que o atentado violento ao pudor não é um ato complexo formado de muitos fatos que se ligam e que o agente pode voluntariamente interromper em meio à sua execução. Por isso, bastaria um só fato, um só gesto, para constituí-lo. E arremata: "é, pois, impossível distinguir entre as differentes phases de sua execução, o começo desta sendo já um attentado consummado ao pudor".

Luiz Regis Prado, conforme se viu, entende possível a tentativa. Contudo, diz que a melhor posição é aquela apresentada por Magalhães Noronha, que, apesar de não repelir a sua caracterização, entende ser ela de difícil ocorrência, porquanto, muitas vezes, apesar de ter o agente que praticar vários atos para atingir o escopo libidinoso, o delito se consuma com a prática da ação inicial.

Concordamos que, na maioria das vezes, a constatação da tentativa é muito difícil. Todavia, acrescentamos que as dificuldades para a sua caracterização, como tem sido ressaltado muito especialmente pela doutrina alemã, não a leva à impossibilidade. Imagine-se, a título de exemplo, um garoto de oito anos de idade, sem calças e com as nádegas viradas para um indivíduo adulto, em estado de ereção, com as mãos na cintura da vítima, ato com que busca a introdução de seu pênis no ânus do ofendido, quando é surpreendido pela presença de uma pessoa, circunstância que o faz perder a ereção. Não se pode deixar de reconhecer no exemplo uma tentativa de estupro tal como vem definido pela lei nova. E nem se pense que essa é uma hipótese irreal. Veja-se o seguinte caso concreto, analisado pelo TJSP:

> (...) o apelante invadiu a casa da vítima, estando esta a dormir, 'grudou-a' pelo pescoço, e, com as suas calças descidas – ameaçando-a de morte se gritasse –, começou a tirar seu short e mandou que ela pegasse em seu pênis. A ofendida gritou, alertando seus familiares, e o apelante fugiu. Configurada a tentativa de atentado violento ao pudor (RJTSP 127/262).

Nessa mesma linha de raciocínio, e até mais avançada, já se admitiu que o uso da violência ou grave ameaça já significa um início de execução e que, quando não chega à consumação, deve ser reconhecida a tentativa (RT 607/284).

10. CONCURSO DE AGENTES

O delito capitulado no art. 213 do CP, com a redação que lhe deu a Lei 12.015/2009, é crime comum. Na revogada lei, o crime de estupro era próprio e, ainda assim, admitia o concurso de pessoas. Agora, como se trata de crime comum, razões sobram para que possa ocorrer mais facilmente um concurso de pessoas formado por homens e mulheres.

Destarte, concorre para o crime, por exemplo, a pessoa que ajuda a imobilizar a vítima, enquanto outra pratica o ato luxurioso consistente em uma conjunção carnal ou na prática de atos libidinosos diversos daquela.

11. CONCURSO DE CRIMES

A realização de vários atos lascivos com uma mesma pessoa em diversos momentos não muda sua classificação de crime único? Mas, se esses mesmos atos são realizados em várias pessoas, haverá tantos delitos quantas forem as pessoas constrangidas, isto é, ocorre um concurso material de delitos? A reiteração da conduta constrangedora com a mesma vítima constitui crime continuado?

Todas essas questões sugeriram fartos debates doutrinários que se refletiram na jurisprudência.

Depois da Reforma de 1984, a jurisprudência passou a admitir a continuidade delitiva não apenas quando os atos eram praticados contra uma mesma vítima, mas também com vítimas diversas.

Mais séria se apresentava a questão quando o agente com uma mesma vítima praticava conjunção carnal e outros atos libidinosos (sexo oral e sexo anal, por exemplo), em que havia uma clara opção, capitaneada pelo STF, pelo concurso material de delitos. Mas, ainda assim, a jurisprudência oscilava diante da gravidade da resposta penal e em muitos julgados fixava-se que ambos os delitos são da mesma espécie, posto que são condutas homogêneas pelas quais o agente busca a satisfação de seu instinto sexual, afastando-se o concurso.

Para nós, mesmo agora com a lei nova, é de se distinguir duas situações: a) se os atos libidinosos se encadeiam como atuação normal na busca da cópula (carinhos, beijos e afagos), tais atos devem ser considerados próprios do contexto, isto é, direcionados para a realização de uma relação sexual; e b) se, porém, antes, durante ou após a cópula vagínica, o agente pratica coito anal ou oral, seus desígnios são autônomos e não se inserem no encaminhamento natural para a realização de uma cópula vaginal.

Na primeira hipótese, indiscutivelmente, ocorre crime único e, na segunda, a jurisprudência inclinava-se pelo concurso material de delitos (RTJ 116/78, RT 543/81, 620/293; STJ, DJU 24.5.1999, p. 191).

Segundo alguns autores, a incorporação das figuras do art. 214 pelo art. 213 em nada alterou a matéria sobre concurso de crime. A nova estrutura típica apenas informa a existência de dois delitos em um único dispositivo. Não é porque os tipos estão agora fundidos em um único artigo que a situação mudou. As proibições continuam sendo as mesmas. Daí a seguinte conclusão de Greco Filho: "O que o estupro mediante conjunção carnal absorve é o ato libidinoso em progressão àquela e não o ato libidinoso autônomo e independente dela (...)".

O entendimento de Vicente Greco é seguido por Gianpaolo Poggio Smanio, professor da Universidade Mackenzie, *verbis*:

> No entanto, caso as condutas sejam autônomas, como também anteriormente se referia, quando houver conjunção carnal e sexo anal praticados na mesma vítima, mediante constrangimento, por exemplo, haverá concurso material de crimes. Neste caso, há cumulatividade de condutas.

Não é outra a conclusão do promotor criminal paulista Walter Tebet Filho:

> Não se pode, também, perder de vista, que *as ações direcionadas à prática da conjunção carnal* constituem *uma conduta, e, as ações direcionadas à prática de outros atos libidinosos,* especialmente o coito oral e o coito anal, constituem outra conduta, e, nestes casos, não temos uma conduta, mas *duas* condutas, revelando *desígnios autônomos,* não se podendo, assim, falar em continuidade delitiva, mas sim em concurso material.

Mas se engana quem pensa que a matéria está pacificada. Guilherme de Souza Nucci entende que as regras do concurso modificaram-se substancialmente. Em suas palavras, não há mais possibilidade de existir concurso material entre estupro e atentado violento ao pudor. Caso o agente constranja a vítima "a com ele manter conjunção carnal e cópula anal comete um único delito de estupro, pois a figura típica passa a ser mista alternativa".

Rogério Sanches Cunha desenvolve raciocínio semelhante, ao concluir que praticando "o agente mais de um núcleo, dentro do mesmo contexto fático, não desnatura a unidade do crime".

Apesar dessa divergência, há que se considerar, todavia, que as penas desproporcionais aos fatos incriminados poderão conduzir ao reconhecimento do crime único.

Ocorre que a indisfarçável indignação da doutrina brasileira contra a Lei dos Crimes Hediondos, que equiparou as penas do estupro às do atentado violento ao pudor, já se mostrava veemente na voz de Alberto Franco, quando o magistrado paulista observou que a absurda identidade de delitos, que representavam graus diferentes de gravidade, "torna-se ainda mais insuportável" quando se verifica que o atentado violento ao pudor permite acomodar atos libidinosos que vão desde o beijo lascivo ou as apalpadelas no corpo alheio até o coito anal. E como o legislador infraconstitucional não estava autorizado a cominar tal pena, nessas condições, e se o fez, ofendeu o princípio da proporcionalidade, cujo suporte encontra-se no Estado Democrático de Direito e "no princípio estruturante da dignidade da pessoa humana e na proibição constitucional de tratamento punitivo desumano ou degradante de penas cruéis".

Acresça-se que sempre houve uma resistência não disfarçada quanto à aplicação do cúmulo de penas em crimes sexuais, razão pela qual a jurisprudência se abalançou entre o concurso material, o concurso formal, a continuidade delitiva e o crime único.

Ainda que o pensamento majoritário do STF recusasse o reconhecimento da continuidade delitiva se os crimes de estupro e atentado violento ao pudor fossem praticados de forma autônoma, mesmo que se tratasse de única vítima, o certo é que parte da doutrina e da jurisprudência se posicionava em sentido contrário, fundamentados, principalmente, na proporcionalidade.

Após a Lei 12.015/2009, a corrente minoritária certamente ganhará adeptos e, caso seja adotada a tese de crime único, parece-nos que seria razoável que o juiz, na fixação da pena, devesse ponderar na quantidade de atos sexuais praticados contra a vítima. Assim, praticado ato único (sexo vaginal, por exemplo), a pena partiria do patamar mínimo de seis anos e iria aumentando proporcionalmente à medida que os atos sexuais se acumulassem (coito anal, oral, etc.). Esse também é o entendimento de Guilherme Nucci.

Assim, é bem possível, senão provável, que a jurisprudência se venha estruturar em um sentido de política criminal e venha prevalecer o princípio da proporcionalidade, isto é, a refutação da teoria do cúmulo.

Também haverá concurso, em nossa opinião concurso *formal*, quando o agente, sabendo ou devendo saber que é portador de moléstia venérea (art. 130 do CP) e ou de moléstia grave (art. 131 do CP), pratica o estupro.

Caso do estupro resulte lesão corporal de natureza grave ou a morte, aplicam-se as circunstâncias qualificadoras previstas nos §§ 1º e 2º do art. 213 do CP, o que será visto no tópico a seguir.

Quanto às lesões de natureza leve e às vias de fato, essas ficam absorvidas, posto que decorrentes da própria estrutura típica do art. 213 do Código Penal.

12. FORMAS QUALIFICADAS

Os §§ 1º e 2º do art. 213 do CP estabelecem as circunstâncias qualificadoras que antes formavam o art. 223 desse mesmo estatuto. Todavia, com a lei nova, ganham melhor estrutura e maior amplitude.

Antes da reforma, o resultado preterdoloso, lesão corporal grave ou morte, só se configurava quando atrelado à violência física. Ou seja, se decorrente da grave ameaça, era excluída a responsabilidade sobre a consequência.

Essa contradição produziu acalorados debates doutrinários que influenciaram a jurisprudência. Na lei revogada somente seria conhecida a circunstância qualificadora quando o resultado lesão grave fosse consequência da violência empregada. Quando qualificava o delito em razão do evento morte, a lei substituía a palavra violência, optando pela expressão *fato*. Isso permitia o reconhecimento da circunstância agravadora quando a morte resultasse também da grave ameaça, sustentavam alguns autores.

Com a redação dada aos parágrafos supraindicados, o resultado agravador passa a decorrer de conduta dolosa ou de culposa, pondo fim, em nosso entendimento, à discussão sobre o alcance do dispositivo.

13. EXCLUSÃO DO DELITO

O consentimento da vítima exclui a tipicidade, posto que não se pratica uma agressão sexual quando a outra pessoa nela consente. Mas, em tal hipótese, o consentimento deve ser válido, porque haveria uma grave contradição entre um constrangimento praticado por violência ou grave ameaça e o consentimento manifestado.

Presente o consentimento válido não há constrangimento. A adoção da teoria da renúncia do bem jurídico, segundo a qual o bem juridicamente protegido perde referida proteção no momento em que seu titular permite que aquele seja ofendido, prepondera atualmente na doutrina, tornando o fato atípico. Para alguns autores o fato segue típico, mas o consentimento atua como excludente de ilicitude.

14. VIOLÊNCIA PRESUMIDA

O art. 224 do Código Penal, que presumia a violência se a vítima era menor de 14 anos, alienada ou débil mental, circunstância essa conhecida pelo agente, foi revogado pela Lei 12.015/2009.

Contudo, a presunção de violência, sem qualquer referência a essa nomenclatura, aparece em vários artigos, como 217-A, 218 e 218-A.

15. PENA

Para a figura simples a pena é de reclusão, de 6 (seis) a 10 (dez) anos. Será de 8 (oito) a 12 (doze) anos de reclusão se da conduta resultar lesão corporal de natureza grave; e de 12 (doze) a 25 (vinte e cinco) anos se resultar morte.

VIOLAÇÃO SEXUAL MEDIANTE FRAUDE

Art. 215. Ter conjunção carnal ou praticar outro ato libidinoso com alguém, mediante fraude ou outro meio que impeça ou dificulte a livre manifestação de vontade da vítima:

Pena – reclusão, de 2 (dois) a 6 (seis) anos.

Parágrafo único. Se o crime é cometido com o fim de obter vantagem econômica, aplica-se também multa.

1. INTRODUÇÃO

A incriminação desse delito não é recente, mas não são encontrados traços seus nas legislações antigas, nem mesmo no direito medieval patrocinado pelos *práticos*.

Nessa época, por influência do Direito romano, preponderava o emprego do termo *stuprum*, que era extremamente abrangente. Todavia, foram eles, os práticos, que procuraram formular um conceito para esse crime, e o fizeram distinguindo o *stuprum violentum* (estupro violento) do *stuprum per fraudem* (estupro por intermédio de fraude).

Informa Franz von Liszt que *captação para a cópula por meio de engano* já figurava no Direito prussiano de 1620: "Com o advento das codificações penais, ora se destacaram para a incriminação certas hipóteses de fraude sexual, ora foi adotada uma fórmula genérica".

O Código boliviano de 1830, conhecido como Código de Santa Cruz, em seu art. 566, punia o que chamava de *estupro aleivoso*, com a seguinte definição:

> Aquele que abusar desonestamente de mulher casada ou desposada, fazendo-a crer sinceramente, por meio de algum engano ou ficção suficiente para tanto, que é seu marido ou seu esposo, sofrerá as penas de dois a quatro anos de obras públicas e depois a de desterro pelo tempo que vivam a mulher e seu marido ou esposo, a não ser que consintam o contrário. Se resultar convivência da mulher com o réu, tratar-se-á o caso como simples adultério.

O Código Penal colombiano de 1891 reproduzia as disposições do boliviano e o argentino de 1921, na redação original, punia o chamado *estupro fraudulento,* que consistia em "abusar do erro de uma mulher, fingindo ser seu marido, e mantiver com ela acesso carnal".

O Código italiano de 1930 (Código Rocco) tratou do assunto entre os crimes contra a liberdade sexual.

Entre nós, os Códigos de 1830 e 1890 nada dispuseram. O nosso primeiro Código republicano apenas incluiu a fraude entre os meios de captação da vontade da mulher virgem, daí a consideração da época de que a sedução era um estelionato sexual. Enquanto o Projeto Sá Pereira ignorava esse crime, foi ele previsto no Projeto Alcântara Machado, que o considerava uma modalidade de estupro (art. 283), mas nele a fraude também se apresentava como elementar no atentado violento ao pudor (art. 285). O Código de 1969 cuidou, no art. 241, do atentado ao pudor mediante fraude.

Mas a doutrina atual, especialmente a europeia, tem reclamado a descriminalização desse delito, e isso já ocorreu nos recentes Códigos alemão, espanhol, cabo-verdiano, paraguaio, mas não no português.

Comentando a legislação portuguesa, Anabela Rodrigues critica a opção do legislador daquele país, ao registrar que a manutenção desse crime "frustrou a geral intenção de descriminalização que presidiu a feitura do presente Capítulo dos crimes contra a liberdade e autodeterminação sexual".

Os nossos Anteprojetos de 1981 e de 1999 seguem a tendência de descriminalizar o fato.

2. CONCEITO

O Código vigente, na sua versão original, inovou ao introduzir um novo tipo penal denominado *posse sexual mediante fraude* (art. 215). Na doutrina, esse delito é chamado de *estelionato sexual*. O nosso Código contemplou, ainda, no art. 216, o atentado ao pudor mediante fraude.

Com a entrada em vigor da Lei 12.015/2009, revogou-se o art. 216, cujo conteúdo incorporou-se ao artigo 215. A junção dos dois dispositivos, tal como aconteceu com o estupro, gerou uma nova figura, a *violação sexual mediante fraude*, que nos parece mais adequada.

3. OBJETIVIDADE JURÍDICA

A tutela jurídica recai, como no estupro, sobre a liberdade sexual de alguém. Diversamente do que ocorria na lei anterior, a proteção é sobre qualquer pessoa, homem ou mulher.

4. SUJEITO ATIVO

Como no estupro, sujeito ativo pode ser qualquer pessoa. Se na conjunção carnal o agente é sempre o homem, pode qualquer pessoa praticar outro ato libidinoso diverso daquele. Temos aqui, portanto, um tipo misto alternativo.

5. SUJEITO PASSIVO

Com a Lei 11.106/2005 já se processou uma profunda modificação nos crimes considerados contra os costumes, excluindo-se da normatização a elementar *mulher honesta*, que, com o dinamismo social, cada dia se afastava mais da realidade, principalmente em um país de estrutura continental e hábitos e costumes diferenciados nas suas várias regiões.

A Lei 12.015/2009, seguindo essa tendência de adequar os tipos às novas concepções sociais, alterou não só as penas, mas também outras elementares, trazendo novas e profundas mudanças nas sanções e na estrutura dos vários tipos por ela alcançados.

Agora o sujeito passivo pode ser qualquer pessoa, não trazendo a construção típica qualquer referência à virgindade da vítima mulher, tampouco à idade.

6. TIPO OBJETIVO

A conduta proibida pelo atual art. 215, reiteramos, agora formada pela reunião dos arts. 215 (posse sexual mediante fraude) e 216 (atentado ao pudor mediante fraude), é *ter conjunção carnal ou praticar outro ato libidinoso com alguém mediante fraude.*

O verbo típico é *ter*, que, no vernáculo, significa possuir, manter, conservar, prender, não largar.

Ao contrário do estupro, em que há emprego de violência ou grave ameaça, no crime ora em estudo não existe qualquer espécie de violência, nem física, nem moral. A vítima enganada pelo emprego de artifício, ardil ou outro meio fraudulento admite, em razão e por causa do engano criado, o acesso sexual que, não fora o embuste utilizado, jamais teria ocorrido.

A fraude, portanto, para os efeitos penais, é a estratégia, o embuste, o ardil "destinado a fazer a vítima acreditar em uma situação que a leva ao ato desejado pelo agente, quando, na verdade, é inexistente essa situação" (Magalhães Noronha).

Não são muitos os casos relatados pela doutrina. Viveiros de Castro noticia o caso de certo indivíduo que convenceu a noiva de ser o casamento religioso o único válido, abandonan do-a depois do ato sexual. O outro exemplo noticiado é o do ardil criado por um curandeiro para possuir sexualmente suas consulentes, fazendo-as pensar que tinham em seus respectivos ventres aranhas e baratas, que só seriam eliminadas com relações sexuais com ele.

No exercício da atividade judicial por mais de vinte anos, nunca havia me deparado com um caso concreto. Contudo, recentemente, coube-me a relatoria de um fato inusitado: a noiva dormia em um dos quartos da casa do noivo e este comunicou a ela que sairia, mas voltaria em minutos. A noiva, sonolenta, concordou e voltou a dormir. Logo depois acordou com alguém lhe tocando e, pensando tratar-se do noivo, aquiesceu com a relação sexual. Em certo momento, percebendo a diferença anatômica do corpo que a possuía com o do noivo, acendeu a luz. Para sua surpresa, era um desconhecido que saiu correndo. Esse fato ficou assim ementado pelo Tribunal de Justiça do Estado do Amapá:

> INFÂNCIA E JUVENTUDE. APELAÇÃO. ATO INFRACIONAL ANÁLOGO À VIOLAÇÃO SEXUAL MEDIANTE FRAUDE. ENGANO SOBRE A IDENTIDADE PESSOAL DO AGENTE. AUTORIA E MATERIALIDADE INFRACIONAL DEMONSTRADAS. DEPOIMENTOS DA VÍTIMA E DAS TESTEMUNHAS. CONFISSÃO. REGIME DE SEMILIBERDADE. 1) Pratica posse sexual mediante fraude o agente que, aproveitando-se do estado de semissonolência da vítima, faz-se passar por noivo para com ela manter relação sexual. 2) Diante da gravidade do ato infracional, análogo

> à violação sexual mediante fraude, e das condições pessoais do adolescente, possível a aplicação de medida socioeducativa de semiliberdade. 3) Recurso não provido. (TJAP – ACr 0005023-80.2011.8.03.0001 – C.Única – Rel. Des. CARMO ANTÔNIO – DJE nº 000211/2013, em 19.11.2013)

Sente-se, pois, a justeza da expressão criada pela doutrina, de que esse delito constitui um *estelionato sexual*. Efetivamente, o agente se vale dos mesmos meios que são empregados no estelionato, mas diversamente deste, onde se busca uma vantagem econômica, aqui se visa uma vantagem sexual.

Além da fraude, o tipo menciona a possibilidade da prática do crime mediante o emprego de outro meio que impeça ou dificulte a livre manifestação de vontade da vítima. Entra aqui o uso de substâncias entorpecentes e de efeitos análogos que podem impedir ou dificultar a manifestação de vontade da vítima.

Interpretando o art. 215 em frente ao art. 217-A, § 1º (estupro de vulnerável), que parecem regular a mesma hipótese, Guilherme de Souza Nucci procura compatibilizá-los, tendo em consideração o grau de perturbação da vontade da vítima. Para o professor paulista, quando se tratar de grau de perturbação que somente relativamente impeça ou dificulte a livre manifestação da vontade da vítima, aplica-se o art. 215, e no caso de resistência nula ou perturbação total, sem que o ofendido tenha condição de entender o que se passa, dever-se-á tratar da figura do art. 217-A, § 1º.

Pensamos que também se deve considerar a espécie da substância utilizada, muito especialmente sobre tratar-se de bebida alcoólica ou psicotrópicos para vencer a resistência da vítima e com ela manter conjunção carnal.

7. TIPO SUBJETIVO

O delito só é punível a título de dolo. Mas não basta este, posto que ao lado dele é exigido um elemento subjetivo especial, que é o atuar com fim de manter conjunção carnal com a vítima ou com ela praticar outros atos libidinosos, satisfazendo, assim, sua libido.

A exigência de um fim especial fica mais evidenciada quando se considera o parágrafo único, que determina a aplicação de multa quando a conduta do agente está orientada no sentido da obtenção de vantagem econômica.

Todavia, essa pena somente poderá ser aplicada aos fatos praticados após o advento da Lei 12.015/2009, porque somente retroagem as leis que beneficiam o acusado. Como nos delitos anteriores, não se cogita de uma forma culposa.

8. CONSUMAÇÃO E TENTATIVA

A consumação ocorre com a conjunção carnal ou prática de outro ato libidinoso, que podem coexistir, visto tratar-se de tipo misto alternativo. Ensina Guilherme de Souza Nucci que:

> o tipo é misto alternativo, comportando a realização de mais de um ato, mas implicando na punição por somente um delito (ex.: prática de conjunção carnal e outro ato libidinoso qualquer).

Por se tratar de crime material, onde a tentativa é, teoricamente, sempre possível, haverá o *conatus* quando o agente, apesar do emprego da fraude, não consegue a adesão de sua vítima à conjunção carnal ou quando é surpreendido por terceira pessoa no momento da execução ou, ainda, quando uma sirene de viatura policial o faz pensar estar ele sendo procurado.

Nessas hipóteses em que a desistência é involuntária, ocorre a tentativa.

9. CONCURSO DE CRIMES

É possível com o crime em exame concorrerem os de perigo de contágio venéreo e perigo de contágio de doença grave (arts. 130 e 131 do CP).

Se o agente aproveita-se do engano para reiterar a prática de conjunção carnal com a vítima, ocorrerá crime continuado.

Quando se tratar de agente curandeiro é de se distinguir: se ele apenas se valeu da fraude, ocorre o delito ora em estudo. Contudo, se empregou inicialmente a fraude e posteriormente a violência, ocorrerá estupro (RTs 551/334 e 759/662).

10. EXCLUSÃO DO CRIME

O consentimento válido da vítima exclui a tipicidade, isto é, quando há o consentimento livre e consciente para a prática do ato, inexistirá o delito.

11. PENA

A pena é de 2 (dois) a 6 (seis) anos de reclusão. Mas se o agente pratica o crime com o fim de obter vantagem econômica, aplica-se também a multa.

ASSÉDIO SEXUAL

Art. 216-A. Constranger alguém com o intuito de obter vantagem ou favorecimento sexual, prevalecendo-se o agente da sua condição de superior hierárquico ou ascendência inerentes ao exercício de emprego, cargo ou função.

Pena – detenção, de 1 (um) a 2 (dois) anos.

Parágrafo único. (VETADO)

§ 2º A pena é aumentada em até um terço se a vítima é menor de 18 (dezoito) anos.

1. INTRODUÇÃO

Sem a conotação atual e sem a mesma amplitude, algumas legislações antigas procuraram proteger as mulheres contra atos que poderiam apresentar algum aspecto de assédio sexual.

Apontam-se com essa característica o chamado *acordo do povo* de Sila (138 a 78 a.C.) e o Código de Justiniano (533 d.C.). O primeiro outorgou à mulher honrada o direito de ação por ofensas recebidas publicamente, enquanto a legislação justiniana sancionava a perseguição de uma mulher, corpo a corpo ou por intermédio de gritos, pela via pública.

O delito de assédio sexual foi introduzido no nosso ordenamento jurídico-penal pela Lei 10.224, de 15.5.2001, como consequência de pressões de grupos sociais, principalmente de movimentos femininos, que mostraram serem essas condutas muito frequentes, além de dificultar e afetar a liberdade sexual das mulheres, que costumam ser suas principais vítimas.

2. CONCEITO

Não tem sido tarefa fácil a elaboração de um conceito de assédio sexual que possa servir para todos os países e todas as legislações, respeitadas as peculiaridades de cada um.

O Conselho Econômico e Social das Nações Unidas, em 1995, preconizou que ao elaborar as estratégias para combater o assédio sexual a primeira coisa que se deve fazer é buscar uma definição adequada do que ele significa. O comportamento compreendido nessa definição incluirá uma conduta que, no contexto social de hoje, considera-se "habitual ou social", assim como a conduta que se enquadra na definição de muitos delitos sexuais reconhecidos na lei.

Provavelmente a busca de uma definição adequada para o assédio sexual será difícil e variará segundo os valores e as normas culturais. As dificuldades realmente existem e as definições atestam que elas traduzem, quase sempre, peculiaridades de um país ou de uma região onde se apresentam os mesmos pontos essenciais.

Para o legislador brasileiro, o crime estará caracterizado quando o agente constranger a vítima, no intuito de obter vantagem ou favorecimento sexual, com o prevalecimento da condição de hierarquia ou ascendência.

Comentando o dispositivo em análise, Guilherme de Souza Nucci faz uma contundente mas justificada crítica a ele, explicando que o crime continua sem objeto definido para o verbo *constranger*, "vale dizer, constrange-se alguém a *não se sabe o quê*.

Permanece-se com a lacuna referente ao modo de realização do constrangimento: mediante qual atitude?".

O certo é que as críticas não param por aí. Na opinião da maioria dos doutrinadores, andou mal o legislador nacional, pois a norma, tal como foi elaborada, não atende aos interesses sociais em função da sua imprecisão técnica.

3. OBJETIVIDADE JURÍDICA

Tutela-se a liberdade sexual da pessoa, diante de uma conduta circunscrita ao âmbito de uma relação de trabalho ou de prestação de serviços, estabelecida com caráter de continuidade ou habitualidade, em que a vítima fica submetida a outrem por uma relação de poder.

4. SUJEITO ATIVO

O sujeito ativo pode ser qualquer pessoa, já que o tipo se refere a constrangimento imposto a alguém. Todavia, ainda que comum, o sujeito ativo deve reunir algumas qualidades pessoais: deve ser superior hierárquico ou ter ascendência sobre a vítima.

Júlio Fabbrini Mirabete diz tratar-se de *delito bipróprio*, porque exige uma situação especial tanto do sujeito ativo como do sujeito passivo.

Frise-se, entretanto, que se faz indispensável a existência de uma situação de subordinação da vítima em relação ao agente. É o que resulta da redação do tipo penal, que prevê os termos *superior hierárquico* e *ascendência*. Quando o agente ocupar cargo, função ou emprego equivalente ao da vítima e que não se revista da qualidade já enfocada, não se configura o delito (Luiz Regis Prado).

5. SUJEITO PASSIVO

Pode ser qualquer pessoa, homem ou mulher, considerando sua condição de inferior hierárquico de direito administrativo, de discência ou de empregado.

De outro modo, descaracterizado estará o delito de assédio sexual, ocorrendo, no caso, o de constrangimento ilegal (art. 146 do CP).

6. TIPO OBJETIVO

O verbo típico é *constranger*, cujo significado já foi exaustivamente estudado. Aqui deve ser examinado em conjunto com o outro núcleo verbal do dispositivo, isto é, "o verbo central deve ser conjugado com a figura secundária prevalecer-se – levar vantagem, tirar proveito" (Guilherme de Souza Nucci).

Realmente, o verbo constranger, que no vernáculo significa forçar, obrigar, coagir, compelir, conjugado com o verbo prevalecer-se, assume o sentido de obrigar prevalecendo-se de sua condição pessoal, com o intuito de aproveitar-se para prática de um ato de natureza sexual.

A conduta incriminada pode ser manifestada oralmente ou por outros meios também expressos, como bilhetes, cartas, convites ou até por "insinuações implícitas que traduzam matéria que implica motivos sexuais" (Júlio Fabbrini Mirabete).

Indispensável, pois, que o constrangimento objetive uma vantagem ou favorecimento sexual, mas esses favores luxuriosos devem constituir algo de significação, de satisfação da libido. Caso contrário, estar-se-á sancionando a solicitação de afeto ou de companhia, o que seria uma aberração legislativa.

Que não se veja o delito de assédio sexual em um convite para um jantar, para um baile, para assistir a uma peça teatral, na entrega de um ramalhete de flores e outros mimos e presentes, ainda que possa estar na mente de quem faz o convite um relacionamento mais íntimo.

Sem imposição ou intimidação o delito não se integra, porque não há constrangimento, nem ameaça. Indispensável, pois, que se coloque a vítima em uma situação gravemente intimidadora, hostil ou humilhante.

Com essa limitação evita-se uma escancarada abertura típica, que põe em risco a própria garantia outorgada pela legalidade. O legislador, assim nos parece, disse mais do que queria e, por conseguinte, compete à doutrina e à jurisprudência estabelecer o devido alcance da norma.

Em uma crítica adequadamente formulada, Luiz Regis Prado escreve que nas reformas penais ocorridas nos últimos anos o legislador brasileiro não tem primado pelo rigor técnico de que devem revestir-se as normas de natureza penal, tampouco observa os princípios fundamentais do Direito Penal. No caso do assédio sexual, inadequado o uso do verbo *constranger*, que, na tradição jurídico-penal brasileira, sempre foi empregado para a prática de delitos em que se verifica o emprego de violência ou grave ameaça, como acontece nos artigos 146, 213 e 214 do Código Penal.

Pensamos que poderia o legislador valer-se do verbo *assediar,* que no vernáculo significa importunar, molestar, perseguir com insistência. Esse verbo não só estaria mais adequado ao *nomen juris* do crime, como expressaria o real significado da ação e cumpriria o princípio da legalidade, tal como fazem as recentes legislações espanhola, francesa, portuguesa, paraguaia e cabo-verdense.

O Código paraguaio define o crime de assédio sexual nos seguintes termos: "Aquele que com fins sexuais molestar outra pessoa, abusando da autoridade ou influência que lhe confere suas funções, será castigado com pena privativa de liberdade de até dois anos" (art. 133). O recente Projeto de Código Penal de Cabo Verde emprega o verbo *assediar* (art. 157).

É importante consignar isso para uma melhor caracterização do crime ora em estudo, objetivando sua reforma. Até porque assiste razão a Damásio de Jesus ao afirmar ser o artigo em estudo, no plano da tipicidade, sumamente confuso.

Salientamos que o crime ora em estudo pode ser praticado fora do local de trabalho. Consequentemente, haverá assédio sexual na conduta do chefe que constrange seu empregado para a prática de atos libidinosos, ameaçando-o de demissão do emprego, quando de um encontro em uma loja ou mediante reiteradas ligações telefônicas.

O tipo do art. 216-A possui dois elementos normativos ou culturais que devemos examinar: *superior hierárquico* e *ascendência*. Vamos estudá-los separadamente.

Superior hierárquico é aquele que se encontra em escala superior em relação ao outro, ou outros, dentro de uma vinculação de trabalho, tanto na esfera da Administração Pública como na da iniciativa privada.

A ascendência não se liga a qualquer hierarquia, e sim a uma relação de domínio, de influência e até mesmo de temor reverencial, como pode ocorrer em uma relação professor-aluno. Importante é considerar que o assédio deve ser inerente ao exercício de emprego, cargo ou função.

Cargo e *função* significam o exercício profissional de uma atividade pública, embora se distingam quanto à forma de investidura e garantias administrativas. Não existe cargo sem função, mas existe função sem cargo.

Nada impede que possam os funcionários, inclusive os das entidades paraestatais e os que trabalhem para uma empresa prestadora de serviços contratada ou conveniada para a execução de atividade típica da Administração Pública, praticar o delito.

Emprego, conquanto possa existir na Administração Pública, é típico da atividade privada, possuindo características que o diferem da função pública.

As relações entre empregado e patrão apresentam características próprias como a subordinação, dependência do empregado, trabalho prestado mediante remuneração ou salário, características que decorrem da legislação trabalhista.

Para execução dessas atividades, as empresas se organizam mediante divisão de trabalho, escala de poderes e distribuição de deveres, tudo em uma escala de responsabilidades.

O assédio sexual, portanto, pode ocorrer em tais meios e estima-se que acontece muito frequentemente, embora seja raro chegar aos tribunais.

7. TIPO SUBJETIVO

O crime é punível exclusivamente a título de dolo que, no caso, é consciência e vontade de constranger a vítima no intuito de obtenção de vantagem ou favorecimento sexual.

Portanto, além do dolo, manifesta-se a exigência de um elemento subjetivo especial do tipo, que consiste no intuito de obter vantagem ou favorecimento sexual, expressamente referido no texto legal.

Na expressão inclui-se, além da conjunção carnal, qualquer outro ato libidinoso, por ambos serem aptos para saciar a lascívia.

8. CONSUMAÇÃO E TENTATIVA

Consuma-se o delito com a prática do ato constrangedor, isto é, o ato de assédio, de importunação. Nesse sentido, esse deve ser sério e suficiente para criar tal situação. Trata-se, portanto, de crime de simples atividade e instantâneo.

A tentativa, conquanto difícil de ocorrer, é possível, muito especialmente quando o assédio se faz por escrito (cartas, bilhetes, etc.), que não chega ao conhecimento da vítima.

Mas aqui a doutrina não é unânime, havendo autores que repelem a possibilidade da tentativa. Todavia, a dificuldade de sua caracterização não impede a sua possibilidade, ainda que essa não passe de conceito apenas doutrinário.

9. DISTINÇÃO

Quando houver emprego de violência física ou grave ameaça ou, ainda, fraude, o crime será o de estupro ou violação sexual mediante fraude, respectivamente.

Júlio Fabbrini Mirabete assinala que é atípico o simples constrangimento com intuito sexual, sem a utilização de violência, ameaça ou fraude, ainda que o agente prevaleça de relações domésticas, de coabitação, de hospitalidade ou que atue com abuso ou violação de dever inerente a ofício ou ministério.

10. CONCURSO DE CRIMES

O crime de assédio sexual pode concorrer com outros delitos, muito especialmente com o de constrangimento ilegal (art. 146 do CP), onde o concurso aparente de delitos se resolve com o emprego de regras criadas pela doutrina.

Nessa hipótese, o conflito se resolve mediante o chamado *princípio da especialidade*, aplicando-se o delito de assédio sexual, que, além dos elementos gerais, possui outros especializantes, como a liberdade sexual e a própria dignidade humana que se vê atingida pela humilhação a que a pessoa é submetida.

O crime de assédio sexual distingue-se da contravenção de *importunação ofensiva ao pudor* (art. 61 da LCP). Aquele é crime próprio, exigindo, portanto, uma qualidade especial do agente, com o que difere da contravenção. Ademais, a contravenção ocorre em lugar público ou de acesso ao público, enquanto o delito em exame se dá, normalmente, em ambiente reservado, conquanto possa, eventualmente, dar-se em lugar público, como em uma praça, jardim, escola, supermercado ou até mesmo em uma loja.

11. PENA

A pena é de detenção, de 1 (um) a 2 (dois) anos, que será aumentada em um terço quando a vítima for pessoa menor de 18 (dezoito) anos.

ESTUPRO DE VULNERÁVEL

Art. 217-A. Ter conjunção carnal ou praticar outro ato libidinoso com menor de 14 (catorze) anos:

Pena – reclusão, de 8 (oito) a 15 (quinze) anos.

§ 1º Incorre na mesma pena quem pratica as ações descritas no caput com alguém que, por enfermidade ou deficiência mental, não tem o necessário discernimento para a prática do ato, ou que, por qualquer outra causa, não pode oferecer resistência.

§ 2º (VETADO)

§ 3º Se da conduta resulta lesão corporal de natureza grave:

Pena – reclusão, de 10 (dez) a 20 (vinte) anos.

§ 4º Se da conduta resulta morte:

Pena – reclusão, de 12 (doze) a 30 (trinta) anos.

1. INTRODUÇÃO

Na nossa legislação pretérita sempre houve a preocupação de proteger a pessoa menor contra a prática de atos sexuais.

No Código Imperial, a tutela alcançava a mulher menor de 17 anos. No Código de 1890, o âmbito da proteção foi fixado nos 16 anos, idade em que se presumia a violência (art. 272).

Na redação original, o Código vigente estabeleceu a presunção de violência se o crime fosse cometido contra vítima: menor de 14 (catorze) anos (art. 224, alínea *a*); alienada ou débil mental, e o agente conhecesse essa circunstância (alínea *b*); que não podia, por qualquer outra causa, oferecer resistência (*alínea c*).

A Lei 12.015/2009, nesse aspecto, pouco ou nada mudou. Modificou a estrutura do Código para inserir no contexto a figura do *estupro de vulnerável,* que aparecia nas legislações penais anteriores em parágrafos, incisos e alíneas que obrigavam à exasperação das penas.

As novidades, em suma, foram a adjetivação de estupro de vulnerável e a substituição das palavras alienada ou débil mental pela enfermidade ou deficiência mental, com as quais se amplia o conteúdo da motivação para a elevação da sanção penal.

Outra importante modificação está na elevação desmedida da pena, o que ocorreu a partir da Lei 8.072/90. Tem-se a impressão de que o legislador, com penas tão graves, quis proceder à eliminação da libido, inerente ao ser humano, pela via legislativa.

2. CONCEITO

O artigo ora em estudo cuida de um crime de estupro que o legislador considerou mais grave por ser a vítima menor de catorze anos ou portadora de enfermidade ou deficiência mental ou por não poder, por qualquer outra causa, oferecer resistência.

Nessas hipóteses, o rigor na reprimenda deve ser maior, em razão de a vítima não possuir o necessário discernimento para a prática do ato sexual.

Observe-se que disposições semelhantes são encontráveis no art. 224 da legislação revogada, inclusive na agravação da pena quanto ao resultado (lesão grave ou morte), que foi aumentada.

3. OBJETIVIDADE JURÍDICA

A tutela jurídica, como nos crimes anteriormente examinados, recai sobre a liberdade sexual, atribuindo aqui a lei nova uma maior proteção às pessoas incapazes de consentir a prática de ato libidinoso.

Embora o novo dispositivo não mais fale em presunção de violência, que tantas discussões doutrinárias e jurisprudenciais gerou sobre tratar-se de presunção absoluta ou relativa. Todavia, a reforma realizada não eliminou esse aspecto, até porque toda lei nova suscita interpretações conflitantes.

4. SUJEITO ATIVO

Trata-se de crime comum, em que o sujeito ativo pode ser qualquer pessoa, homem ou mulher.

5. SUJEITO PASSIVO

O sujeito passivo também pode ser qualquer pessoa, de ambos os sexos: a) com idade inferior a 14 (catorze) anos; b) portadora de enfermidade ou de deficiência mental e, por tal razão, sem discernimento necessário para a prática do ato; ou c) que por outra causa qualquer, não tem condições de oferecer resistência.

6. TIPO OBJETIVO

Nesse dispositivo não mais aparece o verbo típico *constranger*, que foi superiormente substituído pelo verbo *ter*.

O verbo *constranger* tem sentido de imposição coativa e significa forçar, obrigar, coagir, compelir, o que não ocorre nessa tipificação.

No sentido do texto, o verbo transitivo *ter* apresenta o sentido de conquistar, adquirir, possuir, atrair.

Guilherme de Souza Nucci afirma que o art. 217-A não afastou as dificuldades interpretativas que se apresentavam na legislação revogada, até porque a expressão *violência presumida,* que o legislador pretendeu eliminar, continua ínsita no artigo ora em consideração.

A esse respeito escreve o autor supracitado que, em outros termos, "reproduz-se o disposto no art. 224 no novo tipo penal do art. 217-A, sem mencionar a expressão violência presumida".

Indo além, Alamiro Velludo Salvador Netto afirma que o legislador procurou afastar-se da violência presumida ou real, mas apegou-se "à própria essência de um bem jurídico de contorno sugestivamente moral".

Ademais, não nos parece adequada a denominação de *estupro de vulnerável* por outras razões. O verbo típico *ter* repele a ideia de violência, que se apresenta indispensável no delito de estupro. Tanto assim é que a construção do art. 213 exige como componentes a violência e a grave ameaça.

Aqui cabe perfeitamente a lição de Jorge de Figueiredo Dias, em comentário feito ao art. 163º do Código lusitano, para quem o caráter fragmentário da tutela penal exige que o constrangimento ocorra pelo uso de um *meio típico de coação:* a violência, a grave ameaça ou ter o agente tornado a vítima inconsciente ou a ter posto na impossibilidade de resistir. Nesse contexto, atos sexuais *súbitos* e *inesperados* praticados sem ou contra a vontade da vítima, mas aos quais não preexistiu a utilização de um daqueles meios de coação, não integram o tipo objetivo de ilícito.

Acresce salientar que a grave ameaça pode ser dirigida a terceira pessoa, nomeadamente quando se tratar de pessoa ligada à vítima por laços de parentesco ou de proximidade existencial com aquela, situação que anula ou arrefece o ânimo da resistência. Seria exemplo de ameaça grave aquela dirigida a um filho menor ou ao marido.

O art. 217-A dispõe que será delito de estupro de vulnerável ter conjunção carnal ou praticar outro ato libidinoso com me nor de 14 anos. Cremos terem sido suficientemente expostos os conceitos de conjunção carnal e de outro ato libidinoso quando foi estudado o crime de estupro (art. 213 do CP).

Merecem, todavia, um melhor enfoque os elementos normativos ou culturais enfermidade ou deficiência mental.

Claro está que uma e outra devem possuir o condão de impedir ou dificultar a manifestação de vontade da vítima. Daí a necessidade de se estabelecer se a falta de discernimento é completa absoluta, incompleta ou relativa, o que se pode determinar por meio de perícia, que, pelo menos na maioria dos casos, faz-se necessária.

O consentimento da vítima menor de 14 (catorze) anos e de pessoa enferma ou deficiente mental não é válido. A primeira por lhe faltar maturidade; a segunda por não reunir capacidade de discernimento em razão de enfermidade ou deficiência mental.

Quanto à imaturidade em razão da idade, escreve Nélson Hungria que "conquanto os menores de 14 anos não sejam necessariamente incapazes de querer ou de consentir, não se lhes pode outorgar valor jurídico".

No que tange à elementar enfermidade ou deficiência mental, a situação não muda, mas é certo que exigirá do julgador uma adequada e cuidadosa apreciação, não sendo de se desprezar uma perícia.

Como o tipo é formado pelos elementos normativos enfermidade e deficiência mental, parece que não se deve considerar uma moléstia mental geradora da inimputabilidade, porque o seu portador não pode consentir validamente. Por conseguinte, trata-se de enfermidade que apenas reduz, sem extinguir, a capacidade de discernimento.

Contudo, o reconhecimento da imputabilidade reclama a consideração de outro aspecto. Já não mais se exige do agente um prévio conhecimento sobre a situação da vítima, como exigia a lei anterior. Mas, não obstante essa omissão, é de se considerar que tal exigência perdura sob pena da injustificável adoção de presunção absoluta.

Assiste razão a Guilherme de Souza Nucci, ao dizer que o autor do crime precisa ter ciência de que a relação sexual se dá com pessoa em qualquer das situações descritas no art. 217-A. "Se tal não se der, ocorre erro de tipo, afastando-se o dolo e não mais sendo possível a punição (...)."

Há ainda mais alguns pontos a ponderar quando se trata de um relacionamento sexual com enfermo ou deficiente mental adulto. Por exemplo, o deficiente está privado de ter relação sexual?

A questão é problemática. Desde logo é de considerar que a *anomalia psíquica* não se confunde com moléstia determinadora da inimputabilidade.

Caso assim não se entenda, todos os portadores de anomalia mental estariam condenados "à abstinência de atos sexuais com outrem, a fazer do sexo uma espécie de 'tabu'", diz Jorge de Figueiredo Dias.

De se ter, ainda, que para a aferição da possibilidade de oposição ao ato sexual não basta uma afirmação médica abstrata de uma moléstia ou anomalia. Exige-se mais do perito: a afirmação de que a enfermidade ou deficiência mental impedia a vítima de se autodeterminar e de oferecer resistência ao agente.

Além das expressões enfermidade ou deficiência mental, razões pelas quais a vítima não possui o necessário discernimento para a prática do ato sexual (conjunção carnal ou ato libidinoso diverso), o tipo conclui a proibição com uma fórmula extensiva à prática de qualquer outra causa a que a vítima não possa oferecer resistência.

Agora a impossibilidade de oferecer resistência não resulta de motivos psíquicos, mas físicos, ainda quando estes não levarem a um estado de inconsciência. Em face de a vítima encontrar-se em tal situação, muitas vezes de exaustão, o agente disso se aproveita para a prática do ato sexual.

A proibição alcança a pessoa embriagada ou sob efeitos de estupefacientes ou que, por outro meio, encontra-se incapacitada de oferecer resistência.

Cremos que a incapacitação não precisa ser absoluta, sendo suficiente que seja relativa, mas é indispensável que o estado ou à incapacidade possibilite ou pelo menos facilite o ato sexual abusivo.

7. TIPO SUBJETIVO

O tipo subjetivo é informado pelo dolo, ao qual se acrescenta um elemento subjetivo específico, que é a satisfação da lascívia. Admite-se ser o dolo eventual suficiente.

8. CONSUMAÇÃO E TENTATIVA

A consumação ocorre com a prática de qualquer ato libidinoso, sendo perfeitamente possível a ocorrência da tentativa.

9. PRINCÍPIO DA INSIGNIFICÂNCIA

O Código Penal português, na estruturação dos tipos que tutelam a liberdade sexual, teve o cuidado de ressalvar que a existência dos crimes que elenca devem obrigatoriamente ser relevantes (*acto sexual de relevo*).

Afasta, com isso, os atos libidinosos de pouca significação, como os simples toques e os beijos lascivos.

10. CONCURSO DE AGENTES

Conquanto se trate, tal como os anteriores, de delito de *mão própria,* é bem possível ocorrer concurso de pessoas. Afasta-se a coautoria, mas se aceita a participação.

11. CONCURSO DE CRIMES

Antes do advento da Lei 11.106/2005, que aboliu vários crimes, discutia-se sobre a possibilidade de concurso entre estupro e atentado violento ao pudor, entre atentado violento ao pudor e rapto, entre esses crimes e o perigo de contágio venéreo, etc. Agora, com a reforma procedida, parece-nos que se pode cogitar de concurso de crime contra a liberdade sexual e o perigo de contágio venéreo, sem maiores discussões.

12. FORMAS QUALIFICADAS

O estupro de vulnerável será qualificado, com pena sensivelmente maior, se da conduta resultar lesão corporal de natureza grave ou morte.

13. PENA

Na figura simples, a pena será de 8 (oito) a 15 (quinze) anos de reclusão. Se da conduta resultar lesão corporal de natureza grave, 10 (dez) a 20 (vinte) anos. Contudo, se o resultado for morte, a pena será de 12 (doze) a 30 (trinta) anos.

CORRUPÇÃO DE MENORES

Art. 218. Induzir alguém menor de 14 (catorze) anos a satisfazer a lascívia de outrem:

Pena – reclusão, de 2 (dois) a 5 (cinco) anos.

Parágrafo único. (VETADO).

1. INTRODUÇÃO

As várias passagens dos textos romanos que nos chegaram permitem a conclusão de que em Roma havia a incriminação da corrupção de menores impúberes.

A corrupção com defloramento de menores de 10 (dez) anos era punida com trabalhos forçados nas minas ou relegação e exílio, em conformidade com a classe social do réu. Mas a preocupação maior era com o *proxenetismo*, que consiste em facilitar a realização de atos sexuais proibidos (lenocínio ou favorecimento à prostituição).

Entre os crimes extraordinários, previa-se uma situação mais ampla de corrupção que tanto podia referir-se a homem ou mulher, virgem ou não, quando era aplicada a pena de morte, no caso de consumação, ou de deportação, na tentativa.

Afirma Manzini que a punição em tais casos se dava a título de injúria, que, sabidamente, possuía uma enorme abrangência, pois entre as injúrias estava inscrita a referência típica à corrupção: "se alguém tentar tornar impudicos o homem ou a mulher, sejam ingênuos ou libertinos, estará sujeito à ação de Injúrias."

Na Idade Média, a imprecisão e a insegurança existentes no Direito romano persistiram e continuaram-se a falar em injúria, lenocínio ou estupro. Coube ao Código Zanardelli estabelecer uma distinção válida entre corrupção e lenocínio.

Manzini, escrevendo sobre esse Código, acentua que o ato consistia em corromper uma pessoa menor de 16 (dezesseis) anos, mediante prática de atos libidinosos que poderiam levá-la à contaminação de sua consciência, ainda desconhecedora dos prazeres carnais e, dessa forma, conduzi-la às práticas imorais ou aos hábitos lascivos, de maneira a suscitar intempestivamente ou determinar viciosamente a sua sensibilidade erótica.

Afastou-se, a partir de então, a confusão existente entre a corrupção e o lenocínio ou o favorecimento da prostituição, embora sob um aspecto criminológico se possa afirmar que ambos, muitas vezes, caminham juntos.

Com o Código Zanardelli, firmou-se o conceito de que na corrupção se dá a satisfação da própria lascívia, enquanto no lenocínio a ação visa satisfazer a lascívia de outrem.

Importante é assinalar que a partir desse Código, as legislações penais passaram a adotar a corrupção de menores como figura autônoma de delito.

Entre nós, nem as Ordenações Filipinas, nem o Código Criminal Imperial previram esse delito, que passou a compor a nossa legislação a partir do primeiro Código republicano (1890), que, no seu art. 266, adotou a fórmula do Código italiano (Código Zanardelli).

Na Lei 2.992, de 25.12.1915 (Lei Mello Franco), a definição do delito ficou mais ampla, passando a abranger várias modalidades de corrupção e, com esse enxerto, foi compor a Consolidação das Leis Penais.

A Lei 12.015/2009 modificou inteiramente a estrutura do tipo do art. 218 do CP, que possuía o *nomen juris* "corrupção de menores", estabelecendo que ela só alcança o menor de 14 (catorze) anos de idade.

2. CONCEITO

O art. 218 recebeu roupagem nova. Foi excluída a rubrica "corrupção de menores", passando a compor o Capítulo II do Título VI, denominado de "crimes contra a dignidade sexual", nome adotado pelo Anteprojeto de 1999.

Portanto, está incluso entre os crimes sexuais contra vulneráveis, mas não possui rubrica própria. Pode-se chamá-lo de mediação de menor para satisfazer a lascívia de outrem.

O delito consiste em induzir menor de 14 anos a satisfazer a lascívia de outrem, isto é, satisfazer os caprichos e desejos luxuriosos de terceiro. São os modos de corromper o menor, nele despertando precocemente conhecimentos e desejos sexuais.

Por tal razão, o delito se perfaz consoante nossa lei penal, com a prática do ato libidinoso, o que lhe concede a característica de crime material.

3. OBJETIVIDADE JURÍDICA

A tutela jurídica recai sobre a integridade da formação moral e sexual das pessoas menores de 14 (catorze) anos.

A proteção da criança e do adolescente, nos termos estabelecidos pela nossa lei, é uma tendência mundial. Nesse sentido e no âmbito internacional, o Conselho da União Europeia adotou a Ação Comum, de 29.11.1996, fixando um programa de estímulo e intercâmbios destinados aos responsáveis pelas ações contra o tráfico de seres humanos e a exploração sexual.

Na ação comum manifestam-se, dentre outros, os seguintes aspectos que merecem ser examinados: *a)* o tráfico de seres humanos e a exploração sexual constituem uma grave violação dos direitos fundamentais da pessoa, particularmente quanto à sua dignidade; e *b)* o crescimento das estatísticas do crime prova que o tráfico de seres humanos e a exploração sexual podem constituir uma importante forma de criminalidade organizada, cujas dimensões no seio da União Europeia são cada vez mais inquietantes.

Essa visão demonstra o acerto do nosso legislador em proteger o menor de 14 (catorze) anos contra atos libidinosos, que podem corrompê-lo.

4. SUJEITO ATIVO

O sujeito ativo pode ser qualquer pessoa imputável, tanto do sexo masculino como do feminino.

Trata-se, portanto, de crime comum, que pode ser praticado por uma só pessoa ou associada a outra, não se afastando a possibilidade de uma organização criminosa que explore o lenocínio, como hoje é comum em diversas partes do mundo.

5. SUJEITO PASSIVO

O sujeito passivo do crime em estudo pode ser qualquer pessoa menor de 14 (catorze) anos, tanto do sexo masculino quanto do feminino, induzido a satisfazer a lascívia de outrem.

6. TIPO OBJETIVO

O tipo objetivo é constituído pelo verbo *induzir*, sinônimo de persuadir, exortar, aconselhar, instigar, incutir, sugerir. Com a nova estrutura típica aparecem três personagens, com o que se forma um triângulo, onde o menor encontra-se em um dos vértices: *a)* o sujeito ativo, que é o lenão ou mediador; *b)* a vítima, pessoa menor de 14 (catorze) anos, que é induzida a satisfazer a lascívia de alguém; e *c)* o destinatário ou consumidor da atividade delituosa, cuja libido deve ser satisfeita.

Claro que dos três personagens só o lenão ou o mediador deve ser responsabilizado por esse delito. O destinatário da atividade delituosa responde por estupro.

A conduta punível está em induzir menor de 14 (catorze) anos a satisfazer a lascívia de outrem.

Nesse tipo está excluída outra forma de satisfação da libido, exatamente da capitulada no art. 218-A, em que alguém, homem ou mulher, pratica conjunção carnal ou outro ato libidinoso diverso desta na presença de menor de 14 (catorze) anos, forma que elege o beneficiário para a satisfação de sua lascívia.

Guilherme de Souza Nucci, em elaborada crítica, afirma ter faltado ao legislador uma adequada orientação, visto que se rompeu com a teoria do concurso de pessoas, para a qual quem induz responde pelo art. 218 e quem com o menor pratica atos libidinosos responde por estupro de vulnerável (art. 217-A).

A crítica quanto às conclusões procede, porque o indutor e o autor dos atos deveriam receber idêntica punição, na medida da culpabilidade de cada um.

Esse detalhe não escapou ao doutrinador: "com a devida vênia dos que pensam de modo diverso, não se pode considerar qualquer ato libidinoso e sim aquele que é suficiente para corromper uma pessoa".

Bem explícita é a lição de Nélson Hungria, segundo a qual só se podem identificar como estímulos à corrupção aquelas manifestações grosseiramente ofensivas capazes "de insinuar na consciência do menor inoportunos e perniciosos elementos eróticos, e fazê-lo resvalar pela rampa da perdição moral".

E assim deve ser realmente interpretado o art. 218, porque a satisfação da lascívia se realiza por meio de atos libidinosos, entre eles, inclusive, a cópula normal entre homem e mulher. Lascívia e libidinagem são palavras sinônimas.

Na nossa maneira de ver, não se pode considerar para os efeitos penais como libidinoso um beijo, ainda que lascivo, em pessoa menor de 14 (catorze) anos, porque se trata de ato insignificante diante da gravidade da sanção penal, até porque vê-se diariamente, pela televisão, beijos ardorosos, sensuais, que passam indeléveis pela classificação dos técnicos e que rompem com a *inocência* de que fala a Exposição de Motivos do Código de 1940.

O sentido a ser dado à expressão *ato de libidinagem,* que se apresenta apto a satisfazer a lascívia de alguém, deve significar um conceito restritivo para não extrapolar os limites do razoável.

Exclui-se, portanto, a presença contemplativa de ato libidinoso praticado entre terceiros, cuja incriminação aparece agora somente no art. 218-A.

Nélson Hungria, procurando ser mais explícito, diz que por ato libidinoso deve-se entender aquele em que há *contato corporal* entre o agente e a vítima, pouco importando que esse represente um papel passivo, ativo ou ativo-passivo.

No texto, apesar de não constar o verbo *instigar,* como em outras de suas passagens do Código, evidente que, ao lado do verbo *induzir*, cabe perfeitamente a instigação dentro da estrutura típica.

Em resumo, o ato libidinoso deve revestir-se de potencialidade suficiente para conduzir a criança ou o adolescente às práticas libidinosas e, além de confrontar com os padrões sociais no momento em que é praticado, deve ser apto a induzi-lo e levá-lo a renovar as práticas eróticas perniciosas, viciando-se nelas.

Surge aqui um sério problema, visualizado e debatido na vigência da lei anterior: existirá o delito quando a criança ou o adolescente já corrompido se dispõe a atender às solicitações do indutor?

Em se tratando de vítima totalmente corrompida, com hábitos sexuais totalmente dissolutos, não existe bem jurídico a tutelar e, por conseguinte, não pode haver esse delito, até porque o bem jurídico não mais são os costumes, como estabelecia a lei anterior, mas a vida psicossexual do menor.

Uma vez operada a deformação do ofendido em razão de precoce vida sexual, cremos que em tal situação não se pode punir o indutor por esse crime, podendo-se cogitar do crime previsto no art. 228 (favorecimento da prostituição ou outra forma de sua exploração).

No induzimento, portanto, pode o agente, atuando sobre a vítima, despertar em seu espírito hábitos e práticas sensuais que ela desconhecia, processo a que se segue a instigação e consequente adesão dessa aos desejos daquele no sentido de que um terceiro, o beneficiário, satisfaça sua lascívia.

7. TIPO SUBJETIVO

Trata-se de crime punível a título de dolo, que, no caso, é a vontade livre e consciente de induzir o sujeito passivo a satisfazer a lascívia de outrem, sabendo o sujeito ativo tratar-se de menor de 14 (catorze) anos.

Além do dolo, o tipo subjetivo reclama um elemento especial, que é o atuar no sentido de que a criança ou o adolescente satisfaça a lascívia de outrem, que na doutrina tradicional era denominado dolo específico.

8. CONSUMAÇÃO E TENTATIVA

Consuma-se o delito com a prática do ato libidinoso apto a satisfazer a lascívia de outrem, pouco importando que esse se considere satisfeito, até porque a conformação do delito não exige a reiteração do ato reprovável.

Suficiente, portanto, para a consumação, a prática de um único ato libidinoso.

A tentativa é perfeitamente possível.

9. DISTINÇÃO

O crime em estudo apresenta uma proximidade com outros contidos no mesmo Título VI do Código Penal, mas deve-se observar que elementos especializantes os distinguem claramente, como:

a) art. 218-A (Praticar, na presença de alguém menor de 14 (catorze) anos, ou induzi-lo a presenciar, conjunção carnal ou outro ato libidinoso, a fim de satisfazer lascívia própria ou de outrem);
b) art. 218-B (Submeter, induzir ou atrair à prostituição ou outra forma de exploração sexual alguém menor de 18 (dezoito) anos ou que, por enfermidade ou deficiência mental, não tem o necessário discernimento para a prática do ato, facilitá-la, impedir ou dificultar que a abandone);
c) art. 227 (Induzir alguém a satisfazer a lascívia de outrem); e
d) art. 228 (Induzir ou atrair alguém à prostituição, facilitá-la ou impedir que alguém a abandone).

O mesmo ocorre em relação ao art. 244-A, do Estatuto da Criança e do Adolescente (Submeter criança ou adolescente à prostituição ou à exploração sexual). A pena prevista na lei penal especial é de 4 (quatro) a 10 (dez) anos de reclusão e, em caso de conflito aparente com outras normas, por ser especial, essa deve preponderar.

10. CONCURSO

Pode ocorrer concurso formal heterogêneo entre o crime ora em estudo e o de ato obsceno, quando o ato libidinoso é praticado em lugar público, aberto ou exposto ao público.

A reiteração de atos libidinosos com a mesma vítima leva à continuidade delitiva e também quando a ação é praticada contra vítimas diversas, tem-se optado pela existência de crime continuado (RT 506/358, 545/344, 573/347; RJTJSP 33/294, 82/416); já se decidiu, porém, que, em se tratando de vítimas diversas, é inadmissível o crime continuado, devendo-se optar pelo concurso material de delitos (RT 526/340).

11. PENA

A pena para o crime em estudo é de reclusão de 2 (dois) a 5 (cinco) anos.

SATISFAÇÃO DE LASCÍVIA MEDIANTE PRESENÇA DE CRIANÇA OU ADOLESCENTE

Art. 218-A. Praticar, na presença de alguém menor de 14 (catorze) anos, ou induzi-lo a presenciar, conjunção carnal ou outro ato libidinoso, a fim de satisfazer lascívia própria ou de outrem:

Pena – reclusão, de 2 (dois) a 4 (quatro) anos.

1. INTRODUÇÃO

Esse artigo é uma inovação trazida pela Lei 12.015/2009 e, como se observou no item 7 do tópico anterior, o crime em estudo guarda proximidade com outros contidos no Título VI do Código Penal, com a ressalva de que cada um possui elementos especializantes que os distinguem.

Sua estrutura também se assemelha à da segunda parte do antigo art. 218, que tratava do crime de corrupção de menores.

2. CONCEITO

O art. 218-A está inserido no Capítulo II, do Título VI: Dos crimes sexuais contra vulnerável. Nesse crime o agente não tem qualquer contato físico com o menor de 14 (catorze) anos, que é apenas induzido a presenciar conjunção carnal ou outro ato libidinoso praticado só ou com outrem. Sua estrutura é mais próxima, sem confundir, com a do art. 218 atual.

Guilherme de Souza Nucci sustenta que com o dispositivo procura-se a punição da "conduta de pessoa sexualmente desequilibrada, cuja satisfação da lascívia advém da presença de menor de 14 (catorze) anos durante a prática do ato libidinoso isolado ou em conjunto com outrem".

3. OBJETIVIDADE JURÍDICA

A tutela jurídica recai sobre o menor de 14 (catorze) anos, que é levado a presenciar a prática de conjunção carnal ou outro ato libidinoso apto a satisfazer a lascívia do agente ou de outrem.

O artigo deixa claro que o menor pode ter sido induzido a assistir a conjunção carnal, a prática de outros atos de libidinagem ou que também pode encontrar-se no local por qualquer outra razão.

O que se quer é proteger o menor do precoce conhecimento da vida sexual, o que poderia corrompê-lo moralmente.

Em outras palavras, o dispositivo possui uma finalidade protetora: a do desenvolvimento psicossexual da criança e do adolescente, que deve ser conceituado a partir da gravidade do ato, com a exclusão de dados meramente moralistas.

Atente-se que se trata de crime de perigo, porquanto a consumação está na probabilidade de lesão à correta formação sexual da vítima.

4. SUJEITO ATIVO

O sujeito ativo pode ser qualquer pessoa, tratando-se, portanto, de crime comum.

5. SUJEITO PASSIVO

É o menor de 14 (catorze) anos de ambos os sexos.

6. TIPO OBJETIVO

Dois são os verbos típicos: *praticar* e *induzir*. Induzir, como já foi visto, significa inspirar, criar, incutir, mas no texto também assume o sentido de arrastar, mover, levar. Praticar é levar a efeito, realizar, fazer, executar.

A conduta típica, portanto, pode ser tanto a de realizar atos libidinosos na presença da criança ou do adolescente, como induzi-lo a assisti-los, levado o agente pelo desejo mórbido de satisfazer sua luxúria.

O sujeito ativo não pode ter qualquer contato físico com o sujeito passivo, nem pode obrigar este a adotar qualquer conduta ativa, pois, se isso acontecer, presente estará o crime de estupro de vulnerável.

Tais atos devem ser efetivamente exibicionistas, expressão que aparece na legislação lusitana, mas que somente poderão se tornar puníveis quando constituem flagrante violação do preceito primário da norma penal ora enfocada, isto é, quando constituir um ato libidinoso. Não será punível a conduta de uma mulher que, nua, toma banho de sol à beira de uma piscina onde brincam crianças ou adolescentes, conquanto tal conduta possa representar uma ofensa à moralidade.

Nosso Código diz ser o beneficiário da proteção penal o menor de 14 (catorze) anos, conquanto o *nomen juris* mencione criança e adolescente. Não seguiu o legislador o critério do Estatuto da Criança e do Adolescente, que, no seu art. 2º, considera criança a pessoa de até 12 (doze) anos e adolescente aquela que se encontra entre 12 (doze) e 18 (dezoito) anos. Fixou o âmbito da proteção até os 14 (catorze) anos. Assim, se uma pessoa maior de 14 (catorze) e menor de 18 (dezoito) for induzida a presenciar uma conjunção carnal ou outro ato libidinoso de significação ou relevo estará fora da proteção legal.

Muito embora não tenha o legislador inserido os verbos *instigar* e *auxiliar*, cremos que o primeiro fica perfeitamente delineado na proibição e, se diverso for o entendimento, juntamente com a ação de auxiliar estará alcançada pelo concurso de pessoas (art. 29 do CP).

A expressão "a fim de satisfazer lascívia própria ou de outrem" não alcança, porém, os espetáculos, filmes e gravações pornográficos, expressamente considerados pelo Código português de 1995, que podem provocar excitação e possibilitar um conhecimento precoce sobre a atividade sexual e os prazeres que ela cria.

7. TIPO SUBJETIVO

Trata-se de crime punido somente a título de dolo. Além do dolo, que é a vontade livre e consciente de induzir o menor a presenciar ato libidinoso com o objetivo de satisfazer a própria lascívia ou de outrem, o tipo subjetivo exige, para a sua configuração, um elemento subjetivo especial expressamente consignado: o fim de satisfazer lascívia própria ou de outrem.

Não há a modalidade culposa.

8. CONSUMAÇÃO E TENTATIVA

A consumação ocorre quando o menor assiste a prática do ato libidinoso.

O art. 218-A exige a presença do menor, que apenas assiste e não participa ativa ou passivamente da prática do ato consignado. Em razão de o tipo penal trazer expressos o substantivo *presença* e o verbo *presenciar*, pensamos que a vítima deve estar fisicamente no local onde o ato sexual se desenvolve.

Contudo, Guilherme de Souza Nucci entende dispensável a presença do ofendido no local. Para ele, a evolução tecnológica já propicia a presença por meio de aparelhos apropriados. Assim, o sujeito passivo pode assistir ou presenciar por câmaras e aparelhos de TV ou monitores, sendo que a lesão "dá-se em nível psicológico, referentemente à sua formação moral e sexual, afetando sua liberdade nesse campo".

Nesse primeiro momento, em que poucas foram as manifestações a respeito, não nos parece possibilitar à estrutura típica tamanho elastério, até porque a ação visa a satisfação da libido própria ou de outrem diante de uma atitude contemplativa do menor.

9. CONCURSO DE PESSOAS

É possível a ocorrência de um concurso de pessoas. Em se tratando de conjunção carnal, obrigatória a atuação de duas pessoas. Todavia, quando se pensa em outros atos libidinosos de se considerar a possibilidade de uma só pessoa praticar o ato, exatamente o agente, como ocorre na automasturbação.

É possível a ocorrência de continuidade delitiva, mas exige-se para a sua configuração que se trate de uma mesma vítima, tendo em vista a natureza pessoal do bem juridicamente protegido.

10. CONCURSO DE CRIMES

Se em meio à apreciação o menor de 14 (catorze) anos é levado a participar de uma orgia sexual, outro será o crime.

Se forem praticados atos libidinosos de relevo com ele, haverá estupro de vulnerável (art. 217-A).

Se o induzimento o leva à prática da prostituição, temos o delito previsto no art. 218-B (favorecimento da prostituição ou outra forma de exploração sexual de vulnerável).

11. PENA

A pena para o crime em estudo é de reclusão de 2 (dois) a 4 (quatro) anos.

FAVORECIMENTO DA PROSTITUIÇÃO OUTRA FORMA DE EXPLORAÇÃO SEXUAL DE VULNERÁVEL

Art. 218-B. Submeter, induzir ou atrair à prostituição ou outra forma de exploração sexual alguém menor de 18 (dezoito) anos ou que, por enfermidade ou deficiência mental, não tem o necessário discernimento para a prática do ato, facilitá-la, impedir ou dificultar que a abandone:

Pena – reclusão, de 4 (quatro) a 10 (dez) anos.

§ 1º Se o crime é praticado com o fim de obter vantagem econômica, aplica-se também multa.

§ 2º Incorre nas mesmas penas:

I – quem pratica conjunção carnal ou outro ato libidinoso com alguém menor de 18 (dezoito) e maior de 14 (catorze) anos na situação descrita no caput deste artigo;

II – o proprietário, o gerente ou o responsável pelo local em que se verifiquem as práticas referidas no caput deste artigo.

§ 3º Na hipótese do inciso II do § 2º, constitui efeito obrigatório da condenação a cassação da licença de localização e de funcionamento do estabelecimento.

1. INTRODUÇÃO

A prostituição é um fato social tão velho como a própria humanidade e, até o momento, frustraram-se todas as tentativas de eliminá-la.

Na Antiguidade a prostituição não possuía aspecto estigmatizante, porque, muitas vezes, era objeto de exploração pelo próprio Estado e, em outras, vinculada à religião.

Há registros de que a prostituição era praticada nos templos de Fenícia, Egito, Roma, Assíria e Babilônia.

Na Índia a donzela era deflorada pelos sacerdotes.

Na Grécia havia a prostituição religiosa nos templos de Afrodite e, a partir de Sólon, passou a ser explorada pelo Estado, sendo que os lupanares funcionavam próximos dos banhos. Por conseguinte, entre os helenos, da prostituição religiosa passou-se para a profana.

Em Roma ela se apresentou organizada, com as meretrizes obrigadas à obtenção de um registro e ao pagamento de impostos. O *ofício* era exercido quase sempre por escravas e todas deveriam usar uma toga que era chamada de *toga meretrícia.* Os teatros e os circos constituíam prostíbulos, mas a atividade também era desempenhada nos templos de Vênus Volúpia e Vênus Salácia ou Lasciva (Magalhães Noronha). Com a *Lex Iulia de adulteris,* o exercício da prostituição tornou-se crime, situação que se manteve na época de Justiniano, Valentiniano e Teodósio. Com Catão, voltou-se a valorizar a função das prostitutas com a justificativa de que, com a sua atividade, afastavam os jovens das mulheres casadas honestas.

No Direito germânico a punição não era a regra, mas em alguns povos, entre esses os visigodos, a prostituição era expressamente incriminada.

O cristianismo criou uma profunda modificação dos conceitos e dos costumes, tornando proibida a prostituição, não obstante a manifestação de Santo Agostinho, que a tinha como um mal necessário.

Na Idade Média, a *Capitular* 802, de Carlos Magno, punia o alcoviteiro obrigando-o a carregar nas costas, pelas ruas, a mulher por ele prostituída.

Os *práticos* consideravam a prostituição um delito grave, mais grave do que o adultério.

Aos poucos, as legislações dos povos mais desenvolvidos foram dando novos conceitos à prostituição, suavizando a sanção, e as visualizações e o conceito jurídico do delito foram se modificando, dando origem a tratamentos penais ora benevolentes, ora de punição extremada.

A primeira corrente, chamada *abolicionista*, defende ser a prostituição uma atividade em que não deve o Estado ingerir-se. A segunda, da *proibição*, considera a prostituição um delito e por isso merecedor de punição. A terceira, da *regulamentação*, tem como finalidade a higiene e a saúde, buscando-se a prevenção de doenças venéreas.

O nosso legislador optou pelo critério abolicionista, convencido de que a prostituição sempre existiu e jamais deixará de existir. Assim, apesar de tolerar a prostituição como um fato social contingente, não transige com aqueles que gravitam em torno dela, aproveitando-se de quem exerce a prostituição, muitas vezes vivendo e se enriquecendo dela.

Macedo Soares, falando a respeito da cafetinagem do início do século passado, registrou que ela era:

> (...) a exploração torpe da miséria de infelizes mulheres que se submetem ao jugo tirânico do cínico, que as explora, constrangendo-as, por meio de intimidações, ou abusando de sua fraqueza, ao comércio questuário. O proxeneta limita-se ao seu ofício de alcoviteiro; é um corretor ou intermediário. O cáften organiza a prostituição; fornece assistência ou auxílio às desgraçadas filhas d'alegria, dá-lhes casa e subsistência e

> com elas reparte uma migalha dos pingues lucros que aufere do ignóbil tráfico.

A manifestação desse autor, embora formulada há mais de um século, retrata um quadro que ainda atualmente não está de todo desaparecido; apenas a prostituição atualmente se faz com outros parâmetros, sem perder o aspecto de exploração sexual, principalmente da mulher.

Vive-se a época das garotas e dos garotos de programa que atendem a domicílio, sem que a atividade se desvencilhe das características do passado. O *cáften e o proxeneta* continuam os mesmos, sem tirar nem pôr, só que agora com nova roupagem que, muitas vezes, dá-lhes aspecto de dignidade.

O nosso Código, com a Lei 12.015/2009, posicionou o favorecimento da prostituição do menor de 18 (dezoito) anos ou deficiente mental entre os crimes sexuais contra vulnerável (art. 218-A), ora em estudo.

O favorecimento da prostituição de adultos está incriminado pelo art. 228 do CP.

2. CONCEITO

A doutrina indica haver prostituição na habitualidade de prestações carnais a um indeterminado número de pessoas. Nesse sentido são as opiniões de Magalhães Noronha, Heleno Fragoso, Miguel de Campos Júnior e Júlio Fabbrini Mirabete.

Conquanto esse critério seja perfeitamente aceitável para a mediação para servir a lascívia de outrem, dúvidas pairam sobre servir o critério para o delito de favorecimento à prostituição, ora em estudo.

Sem o intuito de lucro nela não gravitam o *cáften*, o rufião e o proxeneta, que vivem da prostituição e nela vicejam.

Nélson Hungria concorda e transcreve a manifestação de Comenge: prostituição é "o ato pelo qual a mulher, fazendo comércio habitual de seu corpo, se entrega sexualmente a quem quer que seja, mediante remuneração...". Esse é também o pensamento de Guilherme de Souza Nucci, para quem a prostituição é o "comércio do sexo por dinheiro ou outro valor".

Os exemplos da doutrina, sobre mulher que se entrega habitualmente aos contatos sexuais com um número indeterminado de pessoas sem finalidade de lucro, para nós indicam que se trata de uma mulher dissoluta, mas não de uma prostituta.

A dificuldade, entre nós, está em ter o Código fixado ser o fim de lucro uma circunstância qualificadora (art. 227, § 3º, e art. 228, § 3º). Aparentemente significa ter o legislador optado pela corrente que não exige a remuneração para a existência do crime.

Aceito esse critério, o cônjuge que engana o outro, relacionando-se com um número indeterminado de parceiros, será prostituto e não dissoluto. Assim também uma pessoa solteira que, sem remuneração, facilmente concede a outrem o gozo do seu corpo não será corrompida e dissoluta, mas prostituta. E veja-se que esses exemplos são sempre citados como de devassidão e não de prostituição.

3. OBJETIVIDADE JURÍDICA

A tutela jurídica está na defesa da liberdade sexual do vulnerável.

Existe um interesse social em reprimir a ação torpe daquele que submete, induz ou atrai a qualquer forma de exploração sexual alguém que, em face da idade, de enfermidade ou deficiência mental não tenha discernimento para a prática do ato. Procura a lei também proteger o vulnerável daquele que busca facilitar-lhe a exploração sexual, impedir-lhe ou dificultar-lhe o abandono.

A tutela penal, todavia, vai além e objetiva também assegurar o direito individual do vulnerável de se manter incólume quanto às coisas da vida sexual. O legislador não pode, todavia, perder de vista ser a prostituição algo indestrutível e que toda iniciativa que possa ele tomar no sentido de extirpá-la da sociedade é tarefa irrealizável e de efeitos socialmente funestos. Ademais, convém ressaltar que todas as tentativas nesse sentido só conseguiram agravar a situação então existente.

4. SUJEITO ATIVO

O sujeito ativo pode ser qualquer pessoa, homem ou mulher, desde que penalmente imputável, tratando-se, pois, de crime comum.

5. SUJEITO PASSIVO

Também pode ser sujeito passivo qualquer pessoa, pois a lei não distingue a prostituição masculina da feminina.

Destarte, tanto a mulher como o homem, mesmo corrompidos, podem ser vítimas do delito em estudo, vez que o crime é de favorecimento à prostituição, no qual o sujeito ativo induz alguém a dela participar, facilita ou impede que alguém a abandone.

O Código brasileiro não prevê como crime autônomo o encaminhamento do menor à prostituição. Nossa jurisprudência tem assinalado que não desfigura o delito o fato de a "vítima ser desencaminhada" (RT 560/353), mesmo porque "não contam as qualidades morais do sujeito passivo. Corrompida que seja a pessoa, é suscetível de mesmo assim ser induzida ou atraída à prostituição" (RT 433/380).

Com o art. 218-B construiu-se um novo formato de incriminação de condutas que alcançam menores de 18 (dezoito) anos, enfermos e deficientes mentais, agora dentro da nomenclatura *vulnerável*, abandonada a expressão corrupção de menores, que era menos abrangente.

Aqui o conceito de vulnerabilidade ficou modificado, porque o tipo fala em *alguém menor de 18 (dezoito) anos*. Por conseguinte, temos uma estrutura típica de vulnerabilidade mitigada, que Guilherme de Souza Nucci prefere denominar de *vulnerabilidade relativa*, restando para os dois delitos anteriormente estudados o conceito de *vulnerabilidade absoluta*.

6. TIPO OBJETIVO

O tipo objetivo é constituído por seis condutas: *submeter, induzir, atrair, facilitar, impedir* ou *dificultar*. Trata-se, portanto, de um tipo misto alternativo, de múltipla ação ou de conteúdo variado.

De outra parte, além da prostituição, o art. 218-B traz a expressão *ou outra forma de exploração sexual*. Eva Faleiros definiu a exploração sexual como sendo dominação e abuso do corpo de crianças, adolescentes e adultos por exploradores sexuais, por pais ou responsáveis e por consumidores de serviços sexuais pagos. Em seguida, distinguiu-a em quatro modalidades:

a) Prostituição: atividade na qual os atos sexuais são negociados em troca de pagamento, não necessariamente monetário.

b) Turismo sexual: comércio sexual bem articulado em cidades turísticas, envolvendo turistas nacionais e estrangeiros.

c) Pornografia: produção, exibição, distribuição, venda, compra, posse e utilização de material pornográfico, presente também na literatura, cinema, propaganda, etc.

d) Tráfico para fins sexuais: movimento clandestino e ilícito de pessoas pelas fronteiras nacionais, com o objetivo de forçar , em sua grande maioria, mulheres e adolescentes a entrar em situações sexualmente opressoras e exploradoras para lucro dos aliciadores ou traficantes.

Ainda que não veja aí um quadro completo das formas de exploração sexual, não há dúvida de que as hipóteses mais relevantes se encontram elencadas acima.

Feitas essa considerações, passemos à análise objetiva do tipo penal.

O verbo *submeter* é a novidade na reforma efetivada pela Lei 12.015/2009 e tem o sentido de sujeitar, subjugar, dominar. De acordo com Guilherme de Souza Nucci, o verbo *submeter* é o mais importante dos seis, posto que envolve "formas sub-reptícias de violências e ameaças". Nesse caso, o agente sujeita a vítima à exploração sexual.

Os verbos *induzir* e *atrair* são praticamente sinônimos, mas, como na lei não existem palavras inúteis, deve-se buscar a diferenciação que o legislador estabeleceu.

Atualizando os comentários de Magalhães Noronha, a respeito da redação original do art. 228 do Código de 1940, podemos dizer que a*trair* é quase o mesmo que induzir. A diferença é que a ação não se processa tão às claras como no induzimento. E também porque indica situação própria do que atrai, pressupondo, em regra, que esse se encontre no ambiente ou meio de exploração sexual e "*atraia,* isto é, *traga, chame, arraste, puxe* para si ou para o seu meio o sujeito passivo".

Tem razão o mestre paulista, porque enquanto *induzir* é persuadir, aconselhar, instigar; *atrair* significa trazer para junto, fazer aproximar, mover, puxar, pressupondo estar o agente em um determinado lugar que, na hipótese, é um lugar de exploração sexual.

Mas não há como negar que o vernáculo *induzir* também significa *atrair*. Se tivesse o legislador se valido de um só desses verbos, a proibição comportaria as duas situações.

Outro verbo típico é *facilitar*. No texto, facilitar a exploração sexual, isto é, criar facilidade, facultá-la, favorecê-la, remover empecilhos, tornar mais fácil o seu exercício. O agente, portanto, auxilia, remove as dificuldades, para que a vítima seja explorada.

A caracterização do delito dispensa a habitualidade. Nesse sentido é a manifestação de Nélson Hungria. Para o ministro seria absurdo e repugnante à consciência pública que ficasse impune aquele que se prevalece da necessidade ou inexperiência de uma mulher para induzi-la a prostituir-se, somente porque o ato tenha sido por ele praticado uma só vez. De outra parte, não é incomum que uma pessoa, mesmo sem objetivar a paga, se entregue ao comércio da sexualidade alheia, "na esperança de futuras vantagens, ou por abjeção moral, ou apenas por instintiva maldade".

Por fim, as duas últimas figuras, consistentes em *impedir* ou *dificultar*. Impedir é colocar obstáculo, oposição ou obstrução. Dificultar é tornar difícil ou custoso o ato de largar algo. Na hipótese, o agente coloca obstáculo ou torna difícil para a vítima o abandono da prostituição ou outra forma de exploração sexual.

Claro está que a caracterização do delito passa pelo sério propósito da vítima de deixar a vida que leva, circunstância que deve ser bem sopesada pelo juiz e suficientemente provada. Com precisão, lembra Heleno Fragoso que, em geral, o impedimento ocorre por coação de natureza econômica.

Nessa modalidade o crime é permanente, subsistindo o estado de flagrância enquanto a vítima ficar impedida de deixar de ser explorada sexualmente.

7. TIPO SUBJETIVO

A questão também aqui não é pacífica.

Alguns autores entendem ser suficiente o dolo, que consiste na vontade livre e consciente de praticar qualquer uma das ações tipificadas, isto é, submeter, induzir, atrair, facilitar alguém à prostituição e impedir ou dificultar que alguém a abandone. Assim pensam Heleno Fragoso, Ariosvaldo de Campos Pires, Luíza Nagib Eluf e Romeu Salles Júnior.

Porém, estamos com a maioria, que se inclina pela exigência de um fim ou motivo especial de agir, que é exatamente o fim de satisfazer a lascívia de outrem. Assim pensam Magalhães Noronha, Paulo José da Costa Júnior, Julio Fabbrini Mirabete, Luiz Regis Prado e Guilherme de Souza Nucci.

8. CONSUMAÇÃO E TENTATIVA

Nas quatro primeiras ações incriminadas, isto é, nas condutas de submeter, induzir, atrair e facilitar, o delito consuma-se quando a vítima entrega-se à prostituição ou a outra forma de exploração sexual, mas não se exige que esse ingresso se manifeste por meio de contatos carnais, o que seria ilógico.

Nas duas últimas modalidades, ou seja, impedir ou dificultar, apresentam-se hipóteses de crime permanente, em que o momento consumativo se prolonga no tempo em razão da ação contínua do agente, que poderia permitir a cessação desse estado de submissão, devolvendo à vítima a opção de abandono da atividade que vinha desempenhando, mas não o faz.

A tentativa é possível em qualquer das hipóteses. Nas quatro primeiras, quando, apesar da atividade desenvolvida, o agente não logra êxito em inserir a vítima no seio da exploração sexual. Nas duas últimas, a situação é bem mais complexa: para que ocorra a manutenção, a vítima já deve estar inserida no ambiente de exploração. Por conseguinte, só pode haver tentativa quando outra pessoa tenha introduzido a vítima no ambiente de exploração e tenta, sem sucesso, impedi-la de lá sair. Como se vê, a hipótese é de difícil ocorrência, mas não impossível.

9. FORMAS EQUIPARADAS

Estabelece o § 2º, I, do artigo ora em estudo que sofrerá a mesma pena, isto é, reclusão de 4 (quatro) a 10 (dez) anos, quem pratica conjunção carnal ou outro ato libidinoso com pessoa menor de 18 (dezoito) e maior de 14 (catorze) anos na situação descrita na cabeça do artigo.

O inciso II fixa que o proprietário, o gerente ou o responsável pelo local em que se verifiquem as práticas referidas na cabeça do artigo sofrerá como efeito da condenação a cassação da licença de localização e funcionamento do estabelecimento.

Indispensável é que se conheça ser a vítima maior de 14 (catorze) e menor de 18 (dezoito) anos, até porque temos aqui uma forma de vulnerabilidade relativa. Caso o agente desconheça a menoridade da vítima, presente estará o erro de tipo (art. 20 do CP).

10. DISTINÇÃO

O delito ora em estudo não se confunde com o de mediação para satisfazer a lascívia de outrem, porque neste a atuação do agente é de servir a pessoa determinada.

No Estatuto da Criança e do Adolescente, com a Lei 9.975, de 24.6.2000, foi inserido no referido Código o art. 244-A, que incrimina a conduta de submeter a criança ou o adolescente à prostituição ou à exploração sexual.

Com idênticas penas [4 (quatro) a 10 (dez) anos de reclusão e multa] é incriminada a conduta do proprietário, gerente ou responsável pelo local onde se verifique a submissão da criança ou adolescente às práticas a que se refere o art. 244-A, § 1º, do referido Estatuto.

Acrescente-se que a estrutura típica do art. 218-B possui condutas (verbos típicos) não abrangidas pela lei penal especial, que, no caso, é o ECA. Por tais razões, Rogério Cunha entende que a Lei 12.015/2009 revogou o art. 244-A referido, ao reunir no art. 218-B os arts. 244-A, do ECA, e 228, § 1º, do Código Penal, criando o delito de favorecimento da prostituição ou outra forma de exploração sexual de vulnerável.

11. PENA

A pena para o crime em comento é de reclusão de 4 (quatro) a 10 (dez) anos. Todavia, se o crime é praticado com a intenção de obter vantagem econômica, é aplicável também a multa.

AÇÃO PENAL

Art. 225. Nos crimes definidos nos Capítulos I e II deste Título, procede-se mediante ação penal pública condicionada à representação.

Parágrafo único. Procede-se, entretanto, mediante ação penal pública incondicionada se a vítima é menor de 18 (dezoito) anos ou pessoa vulnerável.

1. INTRODUÇÃO

O art. 225 do Código Penal, na redação original, estabelecia a ação penal privada como regra geral para a persecução no âmbito de todos os crimes sexuais.

Segundo a doutrina, a opção do legislador foi motivada no mal que a publicidade do processo pode acarretar ao particular. Com respeito à matéria, afirma Fernando da Costa Tourinho Filho:

> Algumas infrações penais afetam tão profunda e assinaladamente a esfera íntima do cidadão que, em face do conflito de interesses entre a necessidade de reprimi-las e o respeito à incolumidade pessoal da vítima e de sua família, o Estado prefere deixar ao arbítrio do ofendido a apreciação dos interesses familiares, íntimos e sociais que podem estar em jogo.

Nesse sentido, o instituto da ação penal de iniciativa privada levanta profundas discussões a respeito de sua utilização pelo Direito Penal e Processual Penal.

Com relação às suas características, destacamos a oportunidade ou conveniência, ou seja, o ofendido dá início ao processo penal para punir seu ofensor se for de seu interesse ou entender ser-lhe oportuno ou conveniente. Isso porque se dá à vítima a possibilidade de escolher se prefere o escândalo do processo para ver punido o criminoso ou se se conforma com a impunidade desse para poupar-se da vergonha em divulgar aspectos de sua vida íntima.

Daí surge a seguinte indagação: se o Direito Penal é a última *ratio* para a tutela de uma pretensão, poderia o Estado entregar ao particular a legitimidade para propor a ação, deixando ao alvedrio do último a punição ou não do criminoso?

Parte da doutrina afirma que tal legitimação extraordinária tem fulcro no *strepitus judici* (escândalo do processo) e, nesse caso, o ofendido atua como um verdadeiro substituto processual, pois ingressa no litígio em nome próprio na defesa de direito alheio, consistente no "interesse que tem o Estado de ver reintegrada a ordem jurídica que foi violada com a prática da infração penal" (Fábio Rangel).

Entretanto, em sentido contrário, há aqueles que entendem que, tendo a açãp penal de iniciativa privada o objetivo de tutelar interesses eminentemente privados, não se compatibilizaria com os fins do Direito Penal. Isso ocorre porque, de acordo com o princípio da fragmentariedade, somente os bens mais relevantes merecem tutela penal, sendo ainda apenas os ataques mais intoleráveis punidos mediante pena. Afinal, a seara penal lida com um dos mais importantes bens jurídicos, qual seja, a liberdade. Fernando da CostaTourinho Filho, transcrevendo o pensamento de Rui Barbosa, registra:

> A liberdade não entra no patrimônio particular, como as cousas que estão no comércio, que se trocam, vendem ou compram; é um verdadeiro condomínio social; todos o desfrutam, sem que ninguém o possa alienar; e se o indivíduo, degenerado, a repudia, a comunhão, vigilante, a reivindica.

Nessa esteira, seria inconcebível existir crimes que atingissem prioritariamente o interesse privado, uma vez que o caráter privado do bem jurídico tutelado e a tenuidade da lesão à sociedade não justificam a existência da ação penal de iniciativa privada.

Sendo assim, mais adequada é a sua extinção, salvo aquela subsidiária da pública, por ser garantia constitucional (art. 5º, LIX, da CF). Dessa maneira, os delitos de menor ofensividade passariam a ser tutelados por outros ramos do Direito (civil, administrativo, etc.), enquanto aqueles que, de fato, merecem a imposição do *jus puniendi* passariam a ser processados por meio de ação penal pública condicionada, que admite a escolha da vítima de representar ou não em face de seu agressor, bem como de ingressar no processo, se assim desejar, por meio da assistência.

Seguindo essa linha de raciocínio é que o legislador alterou o art. 225 com a nova lei, visando transformar a ação penal de iniciativa privada em pública condicionada ou incondicionada nos crimes sexuais.

Constituía verdadeira punição à vítima a legitimação exclusiva para ver seu agressor ser processado. Afinal, além de se recuperar física e psicologicamente do abuso sexual sofrido, via-se na obrigação de, ainda, propor a competente ação penal e acompanhá-la, sob pena de perempção.

Contudo, a legislação brasileira apresentava uma aparente contradição ao tratar da ação penal nos crimes contra a liberdade sexual, especialmente nos casos de estupro e atentado violento ao pudor. O motivo se deve ao fato de que tais crimes passaram a ser considerados hediondos com a entrada em vigor da Lei 8.072/90, mas a ação penal era, em regra, de iniciativa privada da vítima ou de seu represente legal.

Para Luiz Regis Prado, criou-se um procedimento paradoxal nas reformas efetivadas na legislação penal e processual, estabelecendo-se um abismo de contradições as quais coube à doutrina e à jurisprudência tentar harmonizar:

> (...) Por um lado, têm-se crimes que são considerados hediondos, como no caso do estupro e do atentado violento ao pudor, merecedores de tratamento rigoroso do legislador, que não permite ao réu o benefício da liberdade provisória nem, como regra, o direito de apelar em liberdade (art. 2º, inciso II e § 2º, da Lei 8.072/90), e por outro, permite este mesmo legislador que a ação penal fique não só ao alvedrio da vítima ou dos seus representantes legais como também que esta disponha do conteúdo material do processo (lide), perdoando o acusado (art. 105 do CP) ou abandonando a causa, dando lugar à perempção (art. 60 do CPP).

Cabe ressaltar, ainda, que o art. 225 do Código Penal refere-se aos *crimes definidos nos capítulos anteriores* (os definidos nos Capítulos I e II do Título VI), e determina que a ação do Ministério Público esteja condicionada à representação do ofendido ou de seu representante legal (art. 24 do CPP).

A ação penal pública condicionada constitui uma exceção aos postulados básicos do processo penal e agora ganha maior realce com a Lei 12.015/2009, que a estabeleceu como regra geral para a persecução dos crimes sexuais.

A propositura da ação penal pelo Ministério Público está na dependência da representação do ofendido ou de seu representante legal (CPP, art. 24, última parte) e independe de formalidades (RTJ 124/1007; RT 643/94, 772/624), bastando que represente uma inequívoca manifestação de vontade (RT 775/561). Mas, se for externada verbalmente ao juiz, à autoridade policial ou ao próprio Órgão Ministerial, deve ser reduzida a termo (CPP, art. 39, § 1º).

A representação pode ser retratada, mas essa providência deve ser tomada até o oferecimento da denúncia (CPP, art. 25). Ela deve ser feita no prazo máximo de seis meses, "contado do dia em que se vier a saber quem é o autor do crime ou, no caso do art. 29, do dia em que se esgotar o prazo para o oferecimento da denúncia" (CPP, art. 38).

Trata-se de prazo decadencial e o perdão, se concedido após a propositura da ação penal, não aproveita ao réu (RT 773/581). Atente-se que se o Ministério Público deixar transcorrer *in albis* o prazo legal para o oferecimento da denúncia abre-se para o ofendido ou seu representante legal a possibilidade de promover a ação penal privada subsidiária da pública (CPP, art. 29).

2. AÇÃO PENAL PÚBLICA

Estabelece o parágrafo único do art. 225 que a ação penal será pública incondicionada se a vítima é menor de 18 (dezoito) anos ou pessoa vulnerável. A ação penal privada proposta na vigência da lei anterior continua o seu curso normal, uma vez que, como bem acentua Guilherme de Souza Nucci, o fato de "a legitimidade ter-se transmitido ao Ministério Público não afasta a anterior legitimidade do ofendido". Considere-se ser a lei anterior mais favorável ao acusado, porquanto durante todo o andamento da ação penal privada poderá ser beneficiado com o perdão e a perempção.

AUMENTO DA PENA

Art. 226. A pena é aumentada:

I – de quarta parte, se o crime é cometido com o concurso de 2 (duas) ou mais pessoas;

II – de metade, se o agente é ascendente, padrasto ou madrasta, tio, irmão, cônjuge, companheiro, tutor, curador, preceptor ou empregador da vítima ou por qualquer outro título tem autoridade sobre ela; (Redação dada pela Lei nº 11.106, de 2005)

III - REVOGADO

1. INTRODUÇÃO

Os incisos do art. 226, modificados pela Lei 11.106/2005, e do art. 234-A, introduzidos pela Lei 12.015/2009, preveem circunstâncias que determinam o aumento da pena nos crimes contra a dignidade sexual.

O aumento será de quarta parte quando, na prática do delito, houver concurso de 2 (duas) ou mais pessoas (inciso I do art. 226), de metade se existir relação de parentesco ou de autoridade (inciso II do art. 226) ou quando do crime resultar gravidez (inciso III do art. 234-A) e de um sexto até metade (inciso IV do art. 234-A) se o agente transmite à vítima doença sexualmente transmissível.

Já não mais haverá aumento de pena por ser o agente casado, por força da Lei 11.106/2005, que revogou o inciso III.

Registramos todos os casos de aumento apenas para fins didáticos, no intuito de que se tenha uma visão geral da matéria. No momento, examinaremos os dois primeiros incisos, relativos aos art. 226, oportunidade em que remetemos o leitor para o art. 234-A, onde constam os comentários pertinentes aos dois últimos.

2. CONCURSO

Em várias disposições, o Código fixa a elevação da pena em razão do concurso de 2 (duas) ou mais pessoas. Isso também ocorre nos crimes sexuais.

A razão do acréscimo da pena resulta de vários motivos, entre os quais enumeramos: a) a criação de uma maior facilidade e eficiência para a prática do delito e, consequentemente, menor possibilidade de defesa da vítima; e b) a maior temibilidade dos sujeitos ativos e a maior repercussão social, e o consequente maior alarme no seio da sociedade.

Sem dúvida, o concurso de pessoas cria um injusto de maior magnitude, agravando e elevando a culpabilidade, pelo que se justifica plenamente a majoração.

A doutrina bifurca-se quanto à exigência ou não da presença de todos os agentes no local e nos atos executórios do delito. Para alguns autores, entre eles Nélson Hungria e Paulo José da Costa Júnior, só se pode reconhecer a qualificadora quando há a presença e a participação dos coautores e partícipes no local e no momento da prática do delito. A maioria, porém, define-se pela tese contrária, sendo suficiente que os partícipes hajam, de qualquer forma, concorrido para o crime. Comungam desse entendimento Magalhães Noronha, Júlio Fabbrini Mirabete, Luiz Regis Prado e Guilherme de Souza Nucci.

Para nós, deve-se estabelecer uma distinção. Quando o delito é cometido mediante violência, a presença é indispensável, porque é exatamente o concurso que dificulta ou impede a defesa da vítima.

Não fosse essa a realidade, qual seria a razão da doutrina considerar como fatores determinantes da elevação da pena, exatamente, a maior eficiência para a prática do delito, a menor possibilidade de defesa do sujeito passivo, o mais acentuado alarma social, etc.?

A causa de aumento não incide quando o delito é praticado mediante fraude e também em todas as hipóteses em que não existe constrangimento.

3. RELAÇÃO DE PARENTESCO E AUTORIDADE

O inciso II enumera as hipóteses em que relação de parentesco e de autoridade constituem causas de majoração da pena.

Reconhece-se uma maior gravidade do injusto e um elevado grau de reprovabilidade que recai sobre tais agentes, exatamente naqueles a quem compete "o dever de vigilância, guarda ou especial respeito para com a vítima" (Nélson Hungria), especialmente quando entre essa e o agente existir vínculo afetivo.

Entre tais pessoas, refere-se a lei ao ascendente, padrasto, madrasta, tio, irmão, cônjuge, companheiro, tutor, curador, preceptor ou empregador da vítima ou pessoa que por qualquer outro título tem autoridade sobre ela.

Destarte, formam o parentesco na linha o ascendente, o pai, avô, bisavô, etc. Considera, portanto, a lei penal a situação especial em que se posiciona o agente a quem, em razão da consanguinidade ou adoção, compete o dever de assistência material e moral, criação, educação e a formação de uma personalidade que se adapta ao convívio social. Para tanto, o artigo não faz distinção e tanto abrange os irmãos germanos ou bilaterais como os unilaterais-uterinos ou consanguíneos.

Também estão abrangidas outras situações, como a do pai adotivo que exerce o pátrio poder, bem como o tutor e o curador que estão investidos dos poderes e deveres que decorrem da tutela e da curatela (Magalhães Noronha).

Tutor é a pessoa que exerce a tutela, sendo essa um ato jurídico pelo qual alguém é designado de conformidade com os arts. 1.728 a 1.734 do Código Civil para administrar os bens de pessoa menor e representá-lo nos atos da vida civil.

Em seguida, o inciso II menciona o curador, que é a pessoa que exerce a curatela. Curatela é o instituto jurídico pelo qual uma pessoa é designada para praticar atos da vida civil em nome e no interesse de um incapaz.

Preceptor é o mestre, mentor, educador, de um modo geral aquele que ministra conceitos ou instruções. No conceito enquadram-se o catequista e todo aquele que não só exerce autoridade, mas detém a confiança da pessoa que lhe é entregue para educação ou instrução, onde, não raramente, surge um sentimento de admiração e submissão.

Em seguida, o inciso refere-se ao empregador, aquele que celebra um contrato de trabalho com a vítima, remunerando e sujeitando o empregado às suas ordens e sua orientação. Coloca, pois, pelas próprias características do contrato celebrado, o empregador em uma posição vantajosa que, na prática do delito sexual, é aproveitada pelo agente.

A causa de aumento prevista no inciso II do art. 226 subsiste não só nos casos enumerados, mas também em qualquer outro em que a expressão analógica pode abranger, isto é, qualquer outra em que o agente tenha autoridade sobre a vítima.

MEDIAÇÃO PARA SERVIR À LASCÍVIA DE OUTREM

Art. 227. Induzir alguém a satisfazer a lascívia de outrem:

Pena - reclusão, de um a três anos.

§ 1º Se a vítima é maior de 14 (catorze) e menor de 18 (dezoito) anos, ou se o agente é seu ascendente, descendente, cônjuge ou companheiro, irmão, tutor ou curador ou pessoa a quem esteja confiada para fins de educação, de tratamento ou de guarda:

Pena - reclusão, de dois a cinco anos.

§ 2º Se o crime é cometido com emprego de violência, grave ameaça ou fraude:

Pena - reclusão, de dois a oito anos, além da pena correspondente à violência.

§ 3º Se o crime é cometido com o fim de lucro, aplica-se também multa.

1. INTRODUÇÃO

Nesta hipótese, que é chamada pela doutrina de *lenocínio principal*, o agente toma a iniciativa de induzir a vítima à corrupção.

No lenocínio acessório, a atuação do agente parte de um precedente estado de corrupção ou de prostituição, que facilita sua exploração, como na manutenção de local para encontros libidinosos, facilitação que também beneficia a prática do rufianismo.

O Código Penal de 1969 substituiu o *nomen juris* desse crime por *proxenetismo* (art. 250), mantendo a redação do Código na sua versão original.

O Anteprojeto de 1984 deu outra conformação ao tipo (art. 239) e o Anteprojeto de 1999 posiciona-o dentro do Capítulo II do Título II (Da exploração sexual): no art. 175 define o crime de mediação para satisfazer a lascívia de outrem e no art. 176 o de lenocínio, trazendo à baila a velha confusão entre lenocínio e exploração da prostituição, que a doutrina logrou separar.

Em 2005, a Lei 11.106 procedeu a pequena alteração na redação original do art. 227, § 1º, suprimindo o substantivo *marido* e substituindo-o por *cônjuge* ou *companheiro*.

A Lei 12.015/2009 deu ao Código a estrutura típica que estamos examinando, mas a redação do art. 227 em nada se diferencia da anterior.

2. CONCEITO

O nosso Código Penal, ao dispor no Capítulo V, do Título VI, a respeito *do lenocínio e do tráfico de pessoa para fim de prostituição ou outra forma de exploração sexual*, dá-nos a impressão de que lenocínio e tráfico de pessoa para fim libidinoso são coisas bem distintas, quando na realidade eles se inserem em um mesmo contexto, levando-se em consideração que o tráfico de pessoa é apenas uma espécie de lenocínio.

Com esse nome tomado em sentido lato, pode-se designar não só a atividade criminosa dos mediadores como a generalidade dos aproveitadores da corrupção ou prostituição.

Podemos, portanto, conceituar o lenocínio como a conduta de quem intermedeia, facilita ou promove atos de libidinagem, bem assim tira proveito da prostituição alheia.

É de se concluir, assim, que a nossa lei penal não considera a prostituição uma atividade ilícita, mas pune severamente todos os que dela se aproveitam, como os rufiões, proxenetas e traficantes.

3. OBJETIVIDADE JURÍDICA

Sob a rubrica *lenocínio e tráfico de pessoa para fim de prostituição* nossa lei abrange tanto o ato de mediar, facilitar ou promover atos libidinosos, como o de aproveitar-se, de qualquer modo, da prostituição alheia.

A tutela jurídica é direcionada a impedir que haja incentivo ou favorecimento à prostituição. Protege-se, em especial, a disciplina da vida sexual, com o intuito de impedir ou dificultar o ingresso da pessoa no mundo da prostituição, ainda que alguns autores vejam nela o resguardo da moralidade pública ou dos bons costumes (Ney Teles). Por via de consequência, tenta-se impedir ou pelo menos dificultar o fomento e a proliferação da prostituição e todos os outros males que gravitam em torno dela, inclusive, e principalmente, o tráfico e consumo de drogas.

4. SUJEITO ATIVO

O sujeito ativo pode ser qualquer pessoa, isto é, homem ou mulher, tratando-se, pois, de crime comum.

São agentes desse delito o proxeneta, o rufião, o alcoviteiro e o traficante do sexo, pois todos eles, segundo Nélson Hungria, "corvejam em torno da libidinagem de outrem, ora como mediadores, fomentadores ou auxiliares, ora como especuladores parasitários".

O terceiro que com o ato libidinoso satisfaz a própria luxúria não é coautor do delito, mas, sim, seu destinatário quando tenha solicitado os ofícios do mediador ou aceitado a sugestão libidinosa que lhe foi feita.

O tipo penal refere-se a mediação para a satisfação da lascívia de outrem e não a própria, o que não impede que se possa reconhecer, eventualmente em relação a esse, outro crime sexual.

A pessoa que fica no outro polo da relação que se estabelece, em benefício de quem se pratica a ação, é apenas o seu *destinatário*: "No comércio da lascívia, cabe-lhe o papel de consumidor. Comete, por assim dizer, uma receptação sexual", sem nenhuma responsabilidade penal (Miguel de Campos Júnior).

5. SUJEITO PASSIVO

O sujeito passivo pode ser qualquer pessoa, independentemente do sexo e da idade.

Se a vítima é maior de 14 (catorze) e menor de 18 (dezoito) anos, a pena é majorada (§ 1º).

Também é irrelevante a condição moral da vítima, pois o crime é o de lenocínio. E esse, juridicamente, indica os atos pelos quais alguém se posiciona entre 2 (duas) pessoas no sentido de que uma aceda ao desejo carnal da outra. Nesse mesmo sentido a posição de Heleno Fragoso, para quem "o fato de ser a vítima pessoa corrompida ou prostituta somente poderá tornar duvidosa a prática da ação (induzimento), excluindo a tipicidade".

A questão aqui, todavia, não é pacífica. Guilherme de Souza Nucci sustenta que a tutela jurídico-penal não alcança a pessoa já prostituída.

Há que se ressaltar, também, o fato de que é no polo passivo que reside a principal diferença entre o crime sob análise e o previsto no art. 218. Ressalvado o fato de ambos tratarem da mediação para satisfazer a lascívia de outrem, o último artigo, ao contrário do primeiro, especifica a identidade do sujeito passivo, que só pode ser o menor de 14 (catorze) anos.

Referida alteração trazida pela nova lei causou polêmica no sentido de que o tipo legal contido no art. 218 excluiria a punição de partícipe de estupro de vulnerável, via induzimento, nos moldes da sanção do art. 217-A.

6. TIPO OBJETIVO

A conduta típica consiste em induzir alguém a satisfazer a lascívia de uma pessoa determinada (RT 588/306). O pronome *alguém* não está no texto no sentido de "ninguém", mas, sim, de outra pessoa que não o agente.

Explica Heleno Fragoso que se o induzimento se fizer em relação à pessoa indeterminada, o crime será o de favorecimento da prostituição (art. 228, do CP).

Em outros momentos já vimos que *induzir* significa aliciar, persuadir, conduzir, convencer, incutir, exortar, aconselhar, levar alguém por qualquer meio à prática de alguma conduta que, no texto em exame, é a prática de atos libidinosos.

Nesse processo de induzir, o agente se vale de qualquer meio suasório, desde que idôneo para tanto: promessas, súplicas, engodos, etc. Essa é a forma simples ou a principal do lenocínio.

O induzimento, por conseguinte, tem por objetivo a adesão da vítima para levá-la a satisfazer a concupiscência de outrem. Como o Código apenas se refere a ato capaz de satisfazer a lascívia de outrem, o delito se aperfeiçoa até quando o destinatário se satisfaça em presenciar o ato libidinoso praticado entre o sujeito ativo e o induzido, o que ocorre com a pessoa que tem prazer em ver cenas íntimas (*voyeur*).

Outra questão que merece nossa atenção liga-se à pessoa totalmente corrompida, questionando-se se essa poderá ser vítima desse delito. Magalhães Noronha manifesta-se visceralmente contrário, assinalando que a ação de induzir pressupõe no agente certa atividade necessária que desaparece quando o sujeito passivo já está inteiramente corrompido. Afirma ele, com apoio em Soler, que não é possível promover nem facilitar a corrupção do que já está corrompido.

Assim não pensa Luíza Nagib Eluf, ao justificar que o fato de ser a vítima "prostituta ou já estar corrompida somente poderá dificultar a prova do induzimento, mas não exclui o crime, pois a lei não faz qualquer limitação".

Para Nélson Hungria pouco importa que a vítima seja pessoa já orientada no caminho do mal, "desde que não francamente prostituída, pois nesse caso, como é claro, não há necessidade de induzimento, violência ou fraude para que se preste à lascívia de outrem".

É que se tem assinalado possuir a corrupção graus e, em sendo assim, além da duvidosa conclusão sobre inexistir o crime quando um único ato libidinoso já tenha sido praticado, a realidade inquestionável mostra que nessa hipótese pode, eventualmente, haver o delito.

Os tribunais pátrios já decidiram que a meretriz não pode ser sujeito passivo do crime do art. 227, porquanto não é induzida, mas se presta, voluntariamente, a satisfazer a lascívia de outrem (RT 487/347).

Para nós a condição moral da vítima é irrelevante e a circunstância de se ela prostituta apenas pode dificultar a prova do induzimento.

A figura delituosa em estudo exclui a participação, porque a conduta incriminada já é de participação como intermediário, ou seja, de mediação, o que torna injustificado qualquer apelo ao art. 29 do CP.

A caracterização do delito no nosso Código não reclama a habitualidade nem a venalidade, devido ao fato de que o fim de lucro é apenas uma circunstância que o qualifica (§ 3º). A nossa jurisprudência, contudo, como já visto acima, segue noutra direção, excluindo o delito quando a intermediada é prostituta (RT 487/347).

7. TIPO SUBJETIVO

A doutrina bifurca-se quanto à estrutura do tipo subjetivo, em que alguns se contentam apenas com o dolo e os demais exigem o elemento subjetivo do tipo ou do injusto.

Heleno Fragoso conclui ser suficiente o dolo para a realização da tipicidade subjetiva, consistindo ele na vontade livre e consciente de levar a vítima a praticar o ato libidinoso, sem qualquer outro objetivo.

A maioria da doutrina, todavia, entende ser indispensável um elemento subjetivo do tipo (ou do injusto), que é o fim de satisfazer a lascívia de outrem, expressamente exigido pelo tipo. Assim pensam Nélson Hungria, Magalhães Noronha, Galdino Siqueira, Paulo José da Costa Júnior, Júlio Fabbrini Mirabete, Luiz Regis Prado, Ariosvaldo de Campos Pires, Romeu Salles Júnior, Celso Delmanto e Guilherme de Souza Nucci.

Concordamos com esse posicionamento, porque entendemos que sem a finalidade de satisfazer a lascívia de outrem realçada na estrutura típica o agente não estará sujeito a qualquer punição.

8. CONSUMAÇÃO E TENTATIVA

Aqui também a questão não é pacífica. Para alguns, o crime consuma-se com o induzimento, mas a nossa doutrina inclina-se sensivelmente no sentido de que o crime consuma-se com a efetiva prática de qualquer ato libidinoso apto à satisfação da pessoa privilegiada pela mediação (Nélson Hungria, Magalhães Noronha, Heleno Fragoso, Paulo José da Costa Júnior, Júlio Fabbrini Mirabete, Luiz Regis Prado,

Ariosvaldo de Campos Pires, Romeu Salles Júnior e Celso Delmanto).

Bem estruturado é o entendimento de Rogério Greco, que se posiciona entre os dois conceitos acima expostos. Para esse autor, o crime estará consumado a partir do momento em que a vítima ingressa em um bordel ou, nos dias de hoje, nas chamadas casas de massagem, com a finalidade de vender o corpo.

Aceitamos e adotamos essa conclusão porque não só possibilita a conclusão de um efetivo induzimento, como também uma prova concreta da consumação do delito.

A tentativa é perfeitamente possível. Mas Nélson Hungria, com o apoio em Alimena, adverte ser necessária muita cautela no reconhecimento da tentativa para que se não venha incriminar qualquer palavra.

No desenvolver deste trabalho assinalamos que o induzimento exige um processo, uma reiteração de atos tendentes a convencer a vítima. Não basta, portanto, uma simples palavra ou duas, mas um procedimento, semelhante àquele que ocorria no crime de sedução, hoje revogado. Por conseguinte, durante todo o desenvolvimento da conduta e até o momento da prática do ato luxurioso que é o objetivo final, o *iter criminis* pode ser interrompido, criando a tentativa.

Heleno Fragoso exige que o ato praticado para o induzimento da vítima seja efetivamente idôneo, isto é, capaz de levá-la a satisfazer a lascívia de outrem.

A idoneidade do ato passa pela reiteração da mesma conduta persuasiva, em um processo de convencimento, se bem interpretamos o pensamento desse penalista, e enquanto se desenvolve um processo de persuasão, que pode ser interrompido, a tentativa é possível.

9. FORMAS QUALIFICADAS

O § 1° do art. 227 do Código Penal prevê três circunstâncias que qualificam o delito de lenocínio. Examinaremos cada uma delas.

A primeira vincula-se à idade da vítima, que deve possuir mais de 14 (catorze) e menos de 18 (dezoito) anos de idade. O Código Penal suíço, que serviu de modelo ao nosso nessa passagem, prevê no seu art. 198 a elevação da pena para até 5 (cinco) anos quando a vítima é menor. No sistema do nosso Código, o crime torna-se mais grave quando a vítima é menor, porque ela possui menos meios de defesa, "dada sua natural inexperiência ou ignorância dos fatos da vida sexual" (Magalhães Noronha).

A segunda circunstância qualificadora, que na doutrina recebe a denominação de *lenocínio familiar*, liga-se à qualidade do agente: ascendente (pai, avô, bisavô, mãe, avó, bisavó), descendente (filho, filha, neto, neta, bisneto, bisneta), cônjuge (marido, mulher) ou companheiro (companheira), irmão (irmã), tutor (representante legal do menor), curador (representante legal do incapaz) ou pessoa a quem a vítima esteja confiada para fins de educação (educadores, preceptores), de tratamento (médico, diretores de hospitais) ou de guarda (pessoas a quem a vítima tenha sido entregue para custódia, vigilância).

A numeração é taxativa e não exemplificativa. O parágrafo, portanto, enumera de modo restritivo as pessoas que deverão receber sanção majorada em razão de assumir a ofensa um maior grau de censurabilidade e por representar descumprimento de obrigações de direção, assistência e auxílio de vida em família e desobediência a encargos atribuídos jurisdicionalmente.

Em tais situações, o alarma social é muito maior, repercutindo profundamente no seio da sociedade, razão pela qual o gravame aparece em quase todas as legislações.

Por último, o parágrafo em exame estabelece que haverá o aumento da pena quando a vítima estiver confiada ao agente para fins de educação (professores, preceptores) de tratamento (médico, enfermeiros, diretor de hospital) ou de guarda.

Nesta última hipótese, a majoração pode decorrer de uma situação de dependência em relação ao pai adotivo, padrasto, etc., mas também em relação à pessoa a quem a vítima tenha sido entregue para fins de vigilância, custódia, etc.

A enumeração é taxativa, pelo que não se inclui o enteado ou o tio.

Ao empregar a expressão cônjuge, a Lei 11.106/2005 supriu a omissão do legislador anterior, que não incluiu na relação a esposa.

A Lei 12.015/2009 manteve a expressão. O § 2º estabelece uma qualificadora quando ocorrer o emprego de violência, grave ameaça ou fraude.

Na hipótese de emprego de violência física, o § 2º fixa um concurso material com a pena correspondente à violência (homicídio, lesões, etc.).

O § 3º obriga a aplicação da pena de multa quando o crime é cometido com fim de lucro. Como já salientamos, o Código português só admite o lenocínio entre adultos quando o agente atua *profissionalmente ou com intenção lucrativa,* que na realidade é o procedimento rotineiro nessa espécie de delinquência.

O nosso legislador preferiu considerá-lo apenas como uma circunstância de elevação da pena. Trata-se, portanto, de *lenocínio questuário* ou *mercenário,* isto é, interesseiro, ambicioso, onde o sujeito ativo atua movido pelo fim ignóbil e vil do lucro, razão da adição da pena pecuniária ao lado da privativa de liberdade.

10. DISTINÇÃO

O crime de mediação para servir à lascívia de outrem é acessório, secundário, de sorte que quem participar de outro crime, como o estupro, responde tão somente pelo crime mais grave, nas suas formas simples ou qualificada (Nélson Hungria e Heleno Fragoso) e não por aqueles crimes em concurso de pessoas.

O Tribunal de Justiça de São Paulo decidiu que a participação em crime sexual de outrem, por não se tratar de auxílio prestado ao próprio ato consumativo do crime, deve ser considerada ou reconhecida como intermediação para satisfazer a lascívia alheia ao invés de ser tratada segunda a regra do concurso de pessoas (RT 449/394).

Mas se o agente prestar auxílio material para a prática de delito sexual, frisamos, é de se reconhecer o concurso de agentes.

A reiteração da mesma conduta reprovável pelo fim de lucro poderá levar ao crime de rufianismo (art. 230), considera do como a mais grave atividade delituosa das que gravitam ao redor de crime relacionado à prostituição.

11. PENA

A pena aplicável ao crime em questão é de reclusão de 2 (dois) a 5 (cinco) anos.

Contudo, se há emprego de violência, grave ameaça ou fraude quando da execução, passa a ser de 2 (dois) a 8 (oito) anos, além da pena correspondente à violência, estabelecendo-se um concurso material de crimes (art. 69 do CP).

Se o crime for cometido com o fim de lucro, aplica-se também a pena pecuniária.

FAVORECIMENTO DA PROSTITUIÇÃO OU OUTRA FORMA DE EXPLORAÇÃO SEXUAL

Art. 228. Induzir ou atrair alguém à prostituição ou outra forma de exploração sexual, facilitá-la, impedir ou dificultar que alguém a abandone:

Pena - reclusão, de 2 (dois) a 5 (cinco) anos, e multa.

§ 1º Se o agente é ascendente, padrasto, madrasta, irmão, enteado, cônjuge, companheiro, tutor ou curador, preceptor ou empregador da vítima, ou se assumiu, por lei ou outra forma, obrigação de cuidado, proteção ou vigilância:

Pena - reclusão, de 3 (três) a 8 (oito) anos.

§ 2º Se o crime é cometido com emprego de violência, grave ameaça ou fraude:

Pena - reclusão, de quatro a dez anos, além da pena correspondente à violência.

§ 3º Se o crime é cometido com o fim de lucro, aplica-se também multa.

1. INTRODUÇÃO

A prostituição, como anteriormente abordamos quando comentado o art. 218-B, é um vício social tão velho como a própria humanidade e que até agora não pôde ser totalmente abolido, não obstante as tentativas de proibi-lo.

Vimos também que ela não possuía antes esse aspecto estigmatizante dos tempos modernos, já que, muitas vezes, era explorada pelo próprio Estado e, em outras, vinculada à religião.

Em determinadas épocas e em certas regiões, como a napolitana, chegou-se ao exagero na conceituação e castigo desse delito: considerava-se proxeneta e punia-se com a morte o marido que não matasse sua mulher encontrada em flagrante adultério.

Aos poucos, as legislações dos povos mais desenvolvidos foram dando novos conceitos à prostituição, suavizando a sanção.

Na Inglaterra, Josefina Buttler organizou uma federação destinada a excluir a punição da prostituição, que deveria ser considerada uma instituição legal ou tolerada. Na França, por sua vez, desde 1946 esse é o critério adotado, muito provavelmente em decorrência de uma responsabilização moral a incidir sobre a sociedade em relação à delinquência de menores e à atração que o meretrício exercia entre menores abandonados.

O sistema de proibição considera a prostituição um delito e por isso merece ser punido. Adotado esse sistema por alguns países, a incriminação resultou em um rotundo fracasso, porque essa atividade não constitui um problema legislativo ou de polícia, mas uma questão sociológica, originária de uma pluralidade de fatores, todos muito complexos.

O terceiro sistema é o da regulamentação, que é adotado em muitos países e tem como finalidade a higiene e a saúde, que quase sempre se misturam. Por conseguinte, regulamentada a atividade, busca-se prevenir a disseminação de doenças venéreas, conquanto também se objetive proteger a ordem e a moralidade públicas. Por isso, os prostíbulos devem ser posicionados em locais distantes ou periféricos das cidades, enquanto as mulheres devem submeter-se a exames médicos periódicos, no sentido de evitar a contaminação.

O nosso legislador optou pelo critério abolicionista, tolerando a prostituição apenas como um fato social contingente. Quanto ao tema, assinala Nélson Hungria:

> Embora se deva procurar reduzi-la ao mínimo possível, seria desacerto a sua incriminação. Sem querer fazer-lhe o elogio, cumpre reconhecer-lhe uma função preventiva na entrosagem da máquina social: é uma válvula de escapamento à pressão de irrecusável instinto, que jamais se apaziguou na fórmula social da monogamia, e reclama satisfação antes mesmo que o homem atinja a idade civil do casamento ou suficiente aptidão para assumir os encargos da formação de um lar. Anular o meretrício, se isso fora possível, seria inquestionavelmente orientar a imoralidade para o recesso dos lares e fazer referver a libido para a prática de todos os crimes sociais.

Aceitando, embora, a inevitabilidade da prostituição, o Código não transige com aqueles que gravitam em torno dela, aproveitando-se da atividade das meretrizes.

O *cáften* continua o mesmo, sem tirar, nem pôr. Resta à humanidade o inconformismo. A proibição da prostituição feita nos Estados Unidos, em uma hipócrita referência à defesa dos costumes, e na Alemanha com a Lei Koch, esta sob angulação sanitária, levaram o *comércio da carne* para as ruas e a imoralidade para a proximidade dos lares, sob o fundamento "de uma moralidade primitiva" (Albert Londres).

2. CONCEITO

A doutrina como verificamos quando do estudo do art. 218-B, indica haver prostituição na habitualidade de prestações carnais a um indeterminado número de pessoas.

Todavia, embora esse critério seja perfeitamente aceitável para a mediação servir à lascívia de outrem, dúvidas pairam sobre sua utilidade para o delito de favorecimento à prostituição, ora sob análise. É indispensável o intuito de obtenção de lucro.

Nesse sentido, só pode haver prostituição com a prestação carnal mediante paga.

Para concluir, aqui no art. 228 do CP ressaltamos encontrar-se a mais grave das formas de rufianismo.

3. OBJETIVIDADE JURÍDICA

A doutrina, em uníssono, conclui que a tutela jurídica está na defesa da disciplina da vida sexual, dos bons costumes e da moralidade pública.

Manzini acrescenta, à vista da antiga legislação italiana (Código de 1889), a tutela da ordem familiar. Entre nós, nessa mesma linha, Magalhães Noronha ensina:

O bem jurídico que o dispositivo tutela é o de disciplina da vida sexual, de acordo com os bons costumes, a moralidade pública e a organização da família. Existe um interesse social em reprimir a ação torpe daquele que impele alguém a satisfazer a lascívia de outrem, atentando dessarte contra as normas de pudor e do decoro, necessárias à vida em comunhão.

Mas a tutela penal, parece-nos, vai além e objetiva também assegurar o direito individual de se manter incólume quanto às coisas da vida sexual. Carlos Creus, penalista argentino, assinala que a tutela jurídica recai sobre o normal desenvolvimento da vida sexual.

4. SUJEITO ATIVO

O sujeito ativo pode ser qualquer pessoa, homem ou mulher, desde que penalmente imputável, tratando-se, pois, de crime comum.

5. SUJEITO PASSIVO

Também pode ser sujeito passivo qualquer pessoa, pois a lei não distingue a prostituição masculina da feminina. Destarte, tanto o homem quanto a mulher, mesmo que corrompidos, podem ser vítimas do delito, eis que o crime é de favorecimento à prostituição, induzindo alguém a dela participar, facilitando ou impedindo que alguém a abandone. Nossa jurisprudência tem assinalado que não desfigura o delito "o fato de a vítima ser desencaminhada" (RT 560/353), mesmo porque "não contam as qualidades morais do sujeito passivo. Corrompida que seja a pessoa, é suscetível de mesmo assim ser induzida ou atraída à prostituição" (RT 433/380).

6. TIPO OBJETIVO

O tipo objetivo é constituído por cinco condutas: *induzir*, *atrair*, *facilitar*, *impedir* ou *dificultar* que alguém abandone a prostituição. Trata-se, portanto, de um tipo de múltipla ação ou de conteúdo variado.

A caracterização do delito, como se pôde verificar ao estudarmos o artigo anterior, dispensa a habitualidade. A última conduta é a de *impedir* que alguém deixe a prostituição. Assinala Magalhães Noronha que esta conduta significa uma "oposição à recuperação moral do sujeito passivo" por meio de uma obstrução à saída da vítima do lupanar. Se a ação de impedir se manifesta por meio do emprego da violência, grave ameaça ou fraude, ocorre a circunstância qualificadora do § 2º, art. 228, do CP.

Claro está que a caracterização do delito passa pelo sério propósito de a vítima deixar a prostituição, circunstância que deve ser bem pesquisada pelo juiz e suficientemente provada. Com precisão lembra Heleno Fragoso que em geral o impedimento ocorre por meio de coação de natureza econômica. Nessa modalidade o crime é permanente, subsistindo o estado de flagrância enquanto a vítima ficar impedida de deixar a prostituição pelo atuar do agente.

Ainda devemos examinar o elemento normativo ou cultural do tipo, fazer uma valoração sobre o que se deve entender por prostituição. Já dissemos que esse conceito é de devassidão, dissolução e não de prostituição, posto que essa tem como característica uma vantagem econômica, normalmente com paga em moeda nacional ou estrangeira.

É interessante observar que os autores que se posicionam diversamente mencionam o ato de comércio carnal e não existe ato de comércio sem habitualidade e sem fim de lucro. Parece-nos que o nosso Código se ligou à primeira orientação, pois transformou o fim de lucro em circunstância qualificadora (§ 3º).

7. TIPO SUBJETIVO

A questão também aqui não é pacífica. Alguns autores entendem ser bastante o dolo, que consiste na vontade de praticar qualquer uma das ações tipificadas, isto é, induzir, atrair, facilitar alguém à prostituição ou impedir que alguém a abandone. Assim pensam Heleno Fragoso, Ariosvaldo de Campos Pires, Luíza Nagib Eluf e Romeu de Almeida Salles Júnior.

Heleno Fragoso, no mesmo sentido, escreve:

> Basta a vontade livre e consciente de induzir ou atrair, por qualquer meio idôneo, alguém à prostituição, bem como a vontade dirigida à prática de atos idôneos à facilitação ou ao impedimento a seu abandono, qualquer que tenham

sido os motivos de agir, desde que o agente saiba que assim procedendo, está facilitando a prostituição ou impedindo que a vítima a abandone.

A maioria, porém, inclina-se pela exigência de um fim ou motivo especial de agir, que é exatamente o fim de satisfazer a lascívia de outrem. Assim pensam Magalhães Noronha, Paulo José da Costa Júnior, Júlio Fabbrini Mirabete, Luiz Regis Prado e Guilherme de Souza Nucci. Esse é, sem dúvida, o melhor caminho. Além da finalidade de satisfazer a lascívia alheia, para nós é de se acrescentar o fim de lucro. O fato de ter sido o fim de lucro incluído como circunstância qualificadora, não exclui que seja ele considerado para fins de tipificação subjetiva.

8. CONSUMAÇÃO E TENTATIVA

Nas três primeiras ações incriminadas, isto é, nas condutas induzir, atrair e facilitar, o delito consuma-se quando a vítima entrega-se à prostituição, mas não se exige que esse ingresso se manifeste por meio de contatos carnais, o que seria ilógico.

Claro que sequer se poderia exigir uma multiplicidade de contatos carnais. Precisa é a exposição de Júlio Fabbrini Mirabete, que adotamos inteiramente: "Assim, quanto às três primeiras condutas a consumação opera-se com o estado de prostituição em que a vítima já está no prostíbulo ou à disposição dos fregueses, ainda que não tenha recebido qualquer um."

A tentativa, por seu turno, é possível em qualquer das hipóteses. Nas três primeiras, quando apesar da atividade desenvolvida o agente não logra êxito em inserir a vítima no seio da prostituição. Na última, a situação é bem mais complexa, porque para que ocorra a manutenção, a vítima já deve estar inserida no ambiente do lupanar. Por conseguinte, só pode haver tentativa quando outra pessoa tenha introduzido a vítima no prostíbulo e tenta, sem sucesso, impedi-la de lá sair. Como se vê, a hipótese é quase fantasiosa.

9. FORMAS QUALIFICADAS

São as mesmas estabelecidas no artigo anterior: se ocorre a hipótese do crime anterior, ou seja, quando a vítima é menor de 14 (catorze) anos ou se o agente é ascendente, descendente, cônjuge ou companheiro, irmão, tutor, curador ou pessoa a que esteja confiada para fim de educação ou de guarda (reclusão: de 3 (três) a 8 (oito) anos); (reclusão de 4 (quatro) a 10 (dez) anos), quando há emprego de violência, grave ameaça ou fraude; e quando o crime é cometido com fim de lucro aplica-se também a multa (§§ 1º, 2º e 3º, do art. 228).

10. DISTINÇÃO

O delito ora em estudo não se confunde com o de mediação para satisfazer a lascívia de outrem, porque neste a atuação do agente é de servir a pessoa determinada.

Também não se confunde com o de casa de prostituição, conquanto a pessoa que mantenha casa de prostituição certamente a facilita, no que se tem um aparente conflito ou concurso de normas. Todavia, é de se considerar que a primeira conduta define perfeitamente a incriminação e se apresenta como especial em relação à manutenção de casa de prostituição, prevalecendo.

O Estatuto da Criança e do Adolescente, com o advento da Lei 9.975, de 24.6.2000, que inseriu nele o art. 244-A, incrimina a conduta de submeter criança ou adolescente à prostituição ou exploração sexual. Com idênticas penas [4 (quatro) a 10 (dez) anos de reclusão e multa] é incriminada a conduta do proprietário, gerente ou responsável pelo local onde se verifique a submissão da criança ou adolescente às práticas a que se refere o art. 244-A, § 1º, do referido Estatuto.

11. PENA

A pena é de reclusão de 3 (três) a 8 (oito) anos. Todavia, se o crime é cometido por intermédio de violência, grave ameaça ou fraude, é de 4 (quatro) a 10 (dez) anos, além da pena correspondente ao emprego da violência. Quando realizado visando lucro, aplica-se também a multa como sanção.

ESTABELECIMENTO EM QUE OCORRA A EXPLORAÇÃO SEXUAL

Art. 229. Manter, por conta própria ou de terceiro, estabelecimento em que ocorra exploração sexual, haja, ou não, intuito de lucro ou mediação direta do proprietário ou gerente:

Pena - reclusão, de dois a cinco anos, e multa.

1. INTRODUÇÃO

Consoante já registramos anteriormente, a origem da prostituição perde-se na longa noite dos tempos, podendo-se afiançar que ela aparece desde que se deu a aglutinação dos seres humanos, ou seja, desde que se formaram os primeiros núcleos sociais.

Consignamos, também, com base em diversos autores, que a prostituição, em muitos lugares e por muito tempo, possuía um enfoque religioso e que o próprio Estado dela se valeu para a consecução de alguns de seus fins.

Um antecedente remoto dos atuais "estabelecimentos em que ocorra exploração sexual", previsto no art. 229, pode ser encontrado na Grécia, onde se instituiu o *dicterion*, que era um lugar destinado às práticas sexuais regulamentadas pelo Estado e submetidas à tributação.

A prioridade da exploração estatal, porém, não impediu o surgimento de estabelecimentos particulares e sua proliferação terminou por levar à incriminação mediante penas severas.

Em Roma, os prostíbulos constituíram uma atividade muito rentável, sendo seus concorrentes os banhos públicos e as hospedarias exploradas pelos proxenetas.

Com pequenas mudanças, a exploração sexual permanece nos nossos dias, especialmente nos pequenos conglomerados urbanos.

Nos grandes centros, a par do modelo "tradicional", é muito comum o atendimento em domicílios, hotéis, motéis, etc., tendo em vista os anúncios em folhetos (entregues pessoalmente ou pregados nos telefones públicos), pela imprensa, inclusive pela internet, dentre outros meios de propaganda.

Em uma crítica oportuna, Rogério Greco consigna que nas raras oportunidades em que se investe contra os empresários da prostituição, percebe-se, regra geral, por parte das autoridades responsáveis, atitudes de represália, vingança, "enfim, o fundamento não é o cumprimento rígido da lei penal, mas algum motivo, muitas vezes escuso, que impulsiona as chamadas blitz em bordéis, casas de massagem e similares".

Daí a tendência a não incriminação das casas de prostituição. Aliás, muitos códigos contemporâneos na época da elaboração do nosso Código de 1940, não incriminaram a conduta aqui examinada.

Na redação do art. 229 do Código Penal, o nosso legislador inspirou-se no Código suíço, que também, em outros momentos, serviu-lhe de orientação.

Dentre os que optaram pela descriminalização estão os Códigos do Paraguai, Cabo Verde, Peru, Portugal e da Espanha.

Este último, desde o advento do decreto-lei de 3.3.1956, excluiu os centros de tolerância da incriminação.

Os nossos Anteprojetos de 1984 e de 1999 seguem nessa mesma direção, descriminalizando a conduta.

Na verdade, durante todos esses decênios de vigência, a incriminação da manutenção de casa de prostituição nunca passou dc um crime de moldura, porque pouquíssimas vezes fez-se efetiva.

A Lei 12.015/2009 manteve a incriminação, não obstante ter excluído a rubrica e retirado da proibição a expressão "casa de prostituição", substituída por "estabelecimento em que ocorra a exploração sexual". Essa, sem dúvida, mais abrangente, porque alcança até mesmo as casas de massagem que se dedicam à mercancia sexual.

Por conseguinte, com a substituição o tipo atinge todo local que venha servir para um comportamento contra a dignidade sexual de alguém e que represente exploração sexual.

2. CONCEITO

Decorridos muitos decênios de vigência do Código Penal de 1940, a incriminação da manutenção de casa de prostituição nunca impediu a sua disseminação e, se alguma imputação chegou a ser feita, esbarrou no reconhecimento do erro de fato e, depois, com a reforma de 1984, no erro de proibição.

Exatamente por isso o termo "crime de moldura" cabe-lhe perfeitamente. A incriminação seria para quem mantivesse uma casa com a especial destinação de encontros libidinosos, ainda que sem finalidade lucrativa.

Para nós, voltamos a repetir, isso significa uma incoerência, só admissível com a orientação que se deu à prostituição, em que se confunde, como aconteceu com Manzini, prostituição com devassidão, como já apontamos. Só assim pode o Código vigente admitir haver prostituição sem fim lucrativo, o que nos parece ser irreal, muito embora afirme-se que possa ela, em certos casos, decorrer de um vício (Francesco Antolisei).

As discussões a respeito do que se devia entender por casa de prostituição (antes) e o que deverá entender por estabelecimento em que ocorra exploração sexual (após a reforma) longe estão da homogeneização.

Todavia, algumas questões pertinentes, apesar de não pacificadas, encontram-se bem delineadas pelos juízes pátrios, como se verá a seguir: a) a exploração de casa de prostituição em zona do meretrício não configura o delito previsto no art. 229 do CP (RT 557/386, 607/362, 753/687, dentre muitos outros julgados); b) a existência do crime do art. 229 exige prova da habitualidade (RT 590/393, RT 613/317), entendimento que, conquanto majoritário, possui corrente contrária (RT 772/644, RT 774/554); e c) não há o delito no fato de uma pessoa receber clientes em sua própria residência (RT 401/85, RJTJRS 147/183).

3. OBJETIVIDADE JURÍDICA

Divergências também se apresentam em relação à tutela do bem jurídico.

Para alguns, a lei visa proteger a moralidade pública sexual (Júlio Fabbrini Mirabete), o desenvolvimento da vida sexual de acordo com a moral e os bons costumes (Magalhães Noronha).

Para outros, o interesse jurídico protegido é o da sociedade contra as atividades de mantença de estabelecimentos destinados ao exercício da prostituição (Ney Teles).

Como os comentários colhidos foram feitos pelos referidos autores sob a vigência da lei anterior, feitas as devidas adaptações, entendemos que a proteção dirige-se à dignidade sexual, procurando o legislador impedir, ou pelo menos dificultar, o funcionamento de local destinado à exploração sexual.

Em crítica contundente, Guilherme de Souza Nucci não se conforma com a incriminação prevista no art. 229, sugerindo que seja punido o rufião que escraviza a prostituta e o proxeneta que engana o adolescente. Porém, continua, "é preciso um forte choque de autenticidade para o legislador deixar de lado a feitura de leis inúteis, que, em grande parte, trocam os termos ou expressões, mas redundam em lugares-comuns". E conclui dizendo que são exatamente essas "alterações desacreditadas que geram a desconfiança do cidadão e o descrédito do sistema punitivo estatal".

Pensamos da mesma forma e acreditamos que o legislador perdeu uma grande oportunidade de eliminar da relação dos crimes sexuais a estabelecimentos em que ocorra a exploração sexual. Ao invés de remodelar o artigo 229, deveria tê-lo revogado, abolindo a figura, como vem ocorrendo nas legislações mais atuais.

4. SUJEITO ATIVO

Pode ser qualquer pessoa que mantenha, por conta própria ou de terceiro, local destinado a exploração sexual.

Como a proibição fala em manutenção de estabelecimento destinado a exploração sexual, excluídos estão os empregados subalternos, exatamente aqueles que não dispõem de qualquer parcela de decisão válida para impedir o desenvolvimento da atividade, como os camareiros, porteiros, encarregados da limpeza, lavanderia, etc.

Paulo José da Costa Júnior relata que, na Itália, em razão do art. 3° da chamada Lei Merlin, ficaram expressamente excluídas da incriminação as pessoas que exercem esses misteres, com a punição da propriedade, do exercício e do controle do estabelecimento que, evidentemente, não passa pela atividade desempenhada por tais pessoas.

Mas também nesse sentido a questão não é pacífica. O agente pode exercer a atividade incriminada por conta própria ou em nome de terceiro, e este também responderá pelo delito, desde que ciente da atividade ilícita que ali é executada.

Destarte, o proprietário do imóvel que o cede ou aluga, se previamente é conhecedor da atividade ilegal que lá será desenvolvida, responderá pelo delito. Todavia, se posteriormente tomar conhecimento do fato e não tomar qualquer providência para pôr fim à situação, sob o aspecto criminal por nada responderá, salvo quando participar direta ou indiretamente do negócio imoral (Heleno Fragoso). Nesse sentido é, aliás, a jurisprudência (RTJ 115/320, RT 607/362).

Atente-se, por fim, que a pessoa que se prostitui não pratica ação típica alguma, porque a nossa lei penal só toma em consideração a prostituição alheia e quem a explora, com finalidade de lucro.

5. SUJEITO PASSIVO

Fundamentalmente, o sujeito passivo é o corpo social, haja vista que a ação é dirigida contra a dignidade sexual.

Mas sustenta-se que, eventualmente, pode haver um sujeito passivo particular. Exemplifica-se com uma prostituta que permanece no prostíbulo contra a sua vontade ou quando o seu consentimento não é válido.

Vítimas seriam, portanto, mulheres e homens prostituídos, mas, em tais hipóteses, como pondera Paulo José da Costa Júnior, esses apenas são objeto material do delito.

6. TIPO OBJETIVO E NORMATIVO

O verbo típico é *manter*, que no texto significa sustentar, conservar, fazer permanecer em determinado lugar destinado à exploração sexual.

A habitualidade constitui elemento indispensável à conformação de delito. O verbo *manter*, diz Heleno Fragoso, ao comentar o artigo na redação original, "envolve idéia de continuidade e permanência. Inadmissível a idéia de se manter um estabelecimento em que ocorra a exploração sexual para um único encontro libidinoso, ou ocasionalmente utilizado para este fim".

Estabelecimento em que ocorra exploração sexual é um elemento normativo ou cultural do tipo, significando o local habitualmente preparado e mantido para a realização de encontros com finalidade libidinosa.

O nosso legislador, por opção, excluiu da tipificação a finalidade de lucro, embora seja essa a principal característica da prostituição ou até mesmo uma constante, o que torna seu exercício sem fim lucrativo uma hipótese quase fantasiosa.

Manutenção de lugar em que ocorra a exploração sexual, portanto, significa sustentação, conservação, provisão. Por conseguinte, em síntese, podemos afirmar que só mantém estabelecimento com tal destinação quem, por sua atividade ignóbil, possibilita a sua existência.

A habitualidade é outra característica do delito em estudo. O próprio verbo típico *manter* induz habitualidade, um asseguramento do lugar para o exercício de uma atividade que está sendo desempenhada ou vai ser executada, pressupondo, necessariamente, repetição.

Aliás, em uma interpretação lógica e racional, é inaceitável excluir da configuração do delito a habitualidade. É impossível manter qualquer coisa sem a ideia de conservar-se firme e constante, de persistir, de permanecer, de perseverar. E, em tais condições, manter estabelecimento em que ocorra exploração sexual redundará em continuar nessa finalidade, manter-se nela, o que requer, obviamente, a habitualidade.

A doutrina pátria realça que a configuração do delito independe da mediação direta e da finalidade de lucro, circunstâncias a que expressamente se refere o tipo penal.

Tivemos a oportunidade de salientar que o objetivo de lucro acompanha a prostituição como a sombra o corpo sólido. Todavia, diante da opção da nossa lei penal, devemos ressaltar que a intenção do lucro não é elemento constitutivo do crime em estudo.

Também em face da nossa lei, a mediação direta do proprietário ou gerente é dispensável à configuração do delito. Não haverá o delito, por ausência de tipicidade, quando o agente apenas ocasionalmente cede sua casa ou local para o encontro para fins libidinosos, porque falta a prática habitual da mesma conduta.

Destarte, a cessão de uma chácara ou casa para um encontro com finalidade de prática de atos libidinosos por dois amantes não significa manutenção de estabelecimento em que ocorra a exploração sexual, nem mesmo quando se a aluga mediante remuneração.

Como bem ressalva Luiz Regis Prado, a interpretação da norma deve ser feita restritivamente, "de forma que os locais destinados a encontros libidinosos de namorados, como os motéis, não podem, em princípio, ser considerados casas de prostituição".

Os motéis e grande parte das chamadas casas de massagem, das saunas e dos hotéis de alta rotatividade não passam de locais onde ocorre exploração sexual, mas com roupagem nova. Vale dizer, são prostíbulos com uma nova sistemática de atuação e, portanto, não enquadráveis na figura anterior, mas que agora cabem perfeitamente dentro da proibição por se tratarem de estabelecimento em que ocorre exploração sexual.

Contudo, Guilherme de Souza Nucci parece discordar, dizendo que prevalecerá o "antigo entendimento majoritário que leva à conclusão de ser possível a punição se o lugar for exclusivamente destinado à exploração sexual".

Em outras palavras: o artigo 229, que desde a vigência do Código Penal de 1940 pouca aplicação teve, está hoje condenado à *abolitio criminis*, mas a reforma penal procedida pela Lei 12.015/2009 logrou ignorar a questão.

7. TIPO SUBJETIVO

A questão na legislação revogada não era pacífica, porque ao lado do dolo, que consistia na vontade livre e consciente de manter o estabelecimento, o tipo subjetivo exigia um fim especial de agir, que hoje recebe a denominação de elemento subjetivo do tipo ou do injusto, aqui consubstanciado na finalidade de satisfazer a lascívia de outrem. A própria proibição expressava ser ele a manutenção de estabelecimentos em que ocorra a exploração sexual ou lugar destinado a encontros para fim libidinoso.

O fim de satisfazer a lascívia de outrem aparece em todos os delitos formadores do lenocínio e, se ocorre na mediação para satisfazer a lascívia de outrem e no favorecimento à prostituição, razões sobram para admiti-lo também na manutenção de casa destinada ao mesmo objetivo.

Guilherme de Souza Nucci vê o elemento subjetivo específico na "habitualidade de mantença do lugar para a exploração sexual".

A Lei 12.015/2009, em nosso entendimento, nada modificou nessa particularidade. Para nós a exigência de um fim especial, exatamente o de satisfazer a libido de alguém, permanece.

Para os ainda apegados à nomenclatura anterior, o tipo subjetivo não dispensa o dolo específico.

Além disso, vale ressaltar que não há forma culposa.

8. TENTATIVA E CONSUMAÇÃO

Trata-se de crime permanente e habitual.

Por ser permanente, enquanto funcionar o lugar da exploração sexual, podendo ou não ser uma "casa de prostituição", o delito está sempre em fase de consumação. Lembremos que a exploração sexual pode consistir em prostituição, turismo sexual, pornografia, tráfico para fins sexuais, dentre outros.

Assim, o lugar não pode permitir a habitualidade da prostituição, nem de outras formas de exploração sexual, "como os relacionamentos sexuais obtidos com emprego de fraude" (Guilherme de Souza Nucci).

A habitualidade normalmente se perfaz com a reiteração dos cuidados na manutenção do local em funcionamento, confundindo-se com a própria permanência, na qual os atos libidinosos se sucedem.

Ocorrerá a consumação desde o momento em que o agente franqueie a entrada no local e o ponha em atividade, recebendo o primeiro cliente.

Heleno Fragoso, comentando a redação original do artigo, registrou que a "habitualidade refere-se à manutenção da casa de prostituição". E essa manutenção, complementamos, independe do número de clientes assíduos e de frequentadores eventuais.

Complexo é o problema da tentativa. Magalhães Noronha e Júlio Fabbrini Mirabete consideram-na como possível, mas de difícil conformação. Entretanto, em sua maioria, a doutrina nacional não aceita a tentativa nos crimes habituais.

A nossa doutrina entende ser impossível o *conatus*, porque visualiza o crime habitual como constituído de uma pluralidade necessária de condutas repetidas.

Todavia, esse não nos parece ser o melhor critério, porquanto assim concebido não só não haveria tentativa, mas também não poderia haver delito consumado. Afinal, quando estaria consumado o delito habitual? Na segunda, na terceira, na enésima repetição da mesma conduta?

Essa dificuldade, como já escrevemos, levou parte da doutrina a considerar o crime habitual como um tipo que contém um elemento subjetivo diferente do dolo – ou seja, o delito habitual ficaria consumado com o primeiro ato – mas que além do dolo exige a habitualidade como elemento do *animus* do autor (Eugenio Raúl Zaffaroni e José Henrique Pierangeli).

9. DISTINÇÃO

O nosso legislador tratou do lenocínio em tipos autônomos e esses, conquanto guardem uma clara e lógica proximidade, possuem aspectos distintos.

A proximidade se apresenta muito maior nos tipos constantes dos arts. 228 e 229 do CP. Mas é evidente que não se confundem, uma vez que no primeiro existe induzimento e condução de alguém à prostituição, enquanto no segundo há manutenção de local para a satisfação da lascívia.

Não se ignora, todavia, que podem ocorrer os dois delitos quando aquele que induz, atrai ou facilita a prostituição ou impede o abandono da atividade, também mantém o prostíbulo.

Júlio Fabbrini Mirabete, para essa situação, opta pelo concurso material dos dois delitos. Mas a jurisprudência entende haver crime único, ora pendendo para o art. 228 (RT 455/339), ora para o art. 229 (557/365), com prevalência da segunda hipótese.

Inaceitável, parece-nos, é o reconhecimento de um concurso de crimes, quer material, quer formal. A solução encontra-se na aceitação de um concurso aparente de normas penais onde, com a adoção do princípio da consunção ou absorção, prevalece o delito do art. 229, por ser específico.

No mais, redundaria inaceitável uma dupla condenação por um mesmo fato, porque quem mantém estabelecimento destinado à exploração sexual facilita, necessariamente, o comércio carnal.

A manutenção de local para a prostituição ou exploração de menor constitui crime previsto em lei especial: o art. 244-A, § 1º, do Estatuto da Criança e do Adolescente, com a redação dada pela Lei 9.975, de 23.6.2000, que traz como obrigatória a condenação na cessação da licença de localização e funcionamento do estabelecimento (art. 244-A, § 2º).

10. CONCURSO

Consoante registramos acima, Júlio Fabbrini Mirabete defende o concurso material entre os artigos 228 e 229 do CP na hipótese, por exemplo, daquele que facilita a prostituição e mantém o bordel, com o que discordamos.

Todavia, vemos essa possibilidade quando se impedir a saída da pessoa do local destinado à exploração sexual, hipótese em que haverá constrangimento ilegal em concurso material com o delito em estudo.

11. PENA

A pena aplicável ao crime em estudo é de reclusão, de 2 (dois) a 5 (cinco) anos, e multa.

RUFIANISMO

Art. 230. Tirar proveito da prostituição alheia, participando diretamente de seus lucros ou fazendo-se sustentar, no todo ou em parte, por quem a exerça:

Pena - reclusão, de um a quatro anos, e multa.

§ 1º Se a vítima é menor de 18 (dezoito) e maior de 14 (catorze) anos ou se o crime é cometido por ascendente, padrasto, madrasta, irmão, enteado, cônjuge, companheiro, tutor ou curador, preceptor ou empregador da vítima, ou por quem assumiu, por lei ou outra forma, obrigação de cuidado, proteção ou vigilância:

Pena - reclusão, de 3 (três) a 6 (seis) anos, e multa.

§ 2º Se o crime é cometido mediante violência, grave ameaça, fraude ou outro meio que impeça ou dificulte a livre manifestação da vontade da vítima:

Pena - reclusão, de 2 (dois) a 8 (oito) anos, sem prejuízo da pena correspondente à violência.

1. INTRODUÇÃO

O delito de rufianismo, segundo abalizados doutrinadores, somente no início do século XX passou a fazer parte dos Códigos Penais (Heleno Fragoso e Júlio Fabbrini Mirabete, entre eles). No final do século XIX, alguns países o incriminaram por meio de leis esparsas, como a Áustria (1875), a França (1885), a Bélgica (1891) e a Alemanha (1900).

As Ordenações portuguesas não o previram, o mesmo ocorrendo com os Códigos brasileiros de 1830 e 1890. Nosso primeiro estatuto que o trouxe foi o de 1940.

Por se tratar da mais grave forma de lenocínio, a ausência de uma figura que previsse expressamente uma pena para o rufião era reclamada pela doutrina brasileira, o que foi suprido pelo legislador, ainda que com um atraso de algumas décadas.

Mesmo tendo buscado inspiração nos Códigos italiano (1930) e suíço (1937), nosso legislador se mostrou mais previdente do que os dos outros países, evitando dúvidas quanto aos exatos contornos do crime em análise (Magalhães Noronha). Assim, ao contrário do suíço e do italiano, que consideraram rufianismo apenas o ato de se manter às custas da prostituta, o nosso abrangeu também o de participação nos lucros da meretriz.

2. CONCEITO

O lenocínio, já foi dito, caracteriza-se pela prestação de assistência à libidinagem alheia, e as suas formas mais comuns são o proxenetismo, o tráfico de pessoas e o rufianismo.

O proxenetismo vimos no art. 227. Ali, o agente induz alguém a satisfazer a lascívia de outrem. O proxeneta serve de intermediário para saciar o desejo sexual de terceira pessoa.

O rufianismo, por sua vez, consiste em tirar proveito da prostituição alheia, participando diretamente de seus lucros ou fazendo-se sustentar, no todo ou em parte, por quem a exerça.

Distinguem-se duas espécies de rufião: o ativo e o passivo. O primeiro recebe dinheiro ou vantagem da pessoa prostituída, em face de esta lhe devotar afeição. O último acha-se no direito de receber um pagamento, a título de proteção que presta, ou extorque do indivíduo aviltado o dinheiro ou a vantagem por intermédio de coação.

3. OBJETIVIDADE JURÍDICA

A determinação do bem jurídico tutelado constitui um problema árduo que tem reclamado a atenção da doutrina.

Para uma orientação, incriminando o rufianismo a lei penal busca proteger a sociedade da desprezível atividade do rufião, que explora economicamente o exercício da prostituição.

Alguns acrescentam ser direito da sociedade não suportar a maléfica e despudorada ação de aproveitar-se da prostituição alheia.

Para outros, a tutela jurídico-penal não pode recair sobre a liberdade sexual e a integridade moral porque a meretriz já entregou o seu corpo e o espírito à prostituição, pelo que não mais existe a ideia de integridade física sexual.

Há quem veja no rufianismo um atentado à moralidade sexual.

Outros mais levam a objetividade jurídica para o sentido moral da sociedade, da sua capacidade de distinguir entre o bem e o mal e de separar o são do corrupto.

Finalmente, uma outra corrente afirma recair a tutela jurídica sobre a moralidade e os bons costumes. Esta última opinião, que Ernesto Ure defendeu na doutrina argentina, encontra no Brasil uma plêiade de defensores: Magalhães Noronha, Júlio Fabbrini Mirabete, Paulo José da Costa Júnior, Luiz Regis Prado e Guilherme de Souza Nucci.

Celso Delmanto vincula a tutela jurídica no "coibir a exploração da prostituição", enquanto Luíza Nagib Eluf acrescenta os fins de disciplina sexual de acordo com a moral e os bons costumes, bem como a organização familiar.

Mesmo que se possa aceitar que a tutela jurídico-penal recaia sobre a moralidade e os bons costumes e possa também, em um plano inferior, perseguir outros objetivos, para nós não se pode afastar da tutela jurídica a prostituta explorada, sob pena de se confundir moral com direito, realçando aquela e desprezando este.

Esse parece ser também o pensamento de Rogério Sanches Cunha e Ney Teles, para quem o interesse da prostituta contra a exploração merece especial proteção. Isso porque a prostituição não é crime e quem a exerce merece ser protegido.

4. SUJEITO ATIVO

O sujeito ativo pode ser qualquer pessoa, homem ou mulher, tratando-se de crime comum.

A mulher pode manter-se ou participar dos lucros da prostituição alheia, mas em regra o sujeito ativo é o homem.

Desnecessário que o agente participe diretamente da prostituição ou que a auxilie, "seja conduzindo clientes para a meretriz, seja defendendo-a dos maus-tratos destes ou protegendo-a contra a iniciativa ou a ação policial, etc.", pois sua "atividade, perante a lei, cifra-se no desfrute da vítima" (Magalhães Noronha).

Na atividade ilícita, o rufião muitas vezes se vale do amor da pessoa explorada. Outras vezes recebe as vantagens a pretexto de oferecer proteção e amparo. Noutras, por fim, aufere-as mediante o terror que infunde.

Ainda que a iniciativa do sustento ou da participação dos lucros parta do sujeito passivo o crime subsiste. Indiferente, também, que o rufião tenha outras fontes de renda (Nélson Hungria).

O cônjuge, o(a) noivo(a), namorado(a) ou companheiro(a) do prostituído não é rufião, desde que não participe dos ganhos do parceiro ou da parceira.

5. SUJEITO PASSIVO

Sujeito passivo é o homem ou a mulher que se dedica à prostituição, isto é, uma pessoa de qualquer sexo, já prostituída, que esteja exercendo essa atividade.

Nessa disposição penal, o meretrício assume o seu real e verdadeiro sentido, o de atividade lucrativa, economicamente rentável, pois, conforme Magalhães Noronha, "só este proporciona ao rufião a participação direta dos lucros ou uma manutenção no todo ou em parte".

Em um sentido mais amplo, sujeito passivo também é a própria coletividade, essa em um plano secundário.

6. TIPO OBJETIVO

A ação típica consiste em tirar proveito da prostituição alheia, que significa auferir vantagem, aproveitar-se, valer-se, tirar proveito, tirar vantagem da prostituição alheia.

Na estrutura da proibição, além da participação direta nos lucros da prostituição, aparece o fazer-se sustentar, no todo ou em parte, por quem a exerce.

Destarte, o texto legal diz claramente que a vantagem que o agente aufere é econômica, já que faz expressa referência à participação nos lucros da atividade.

Mas, além dessa conduta, a lei incrimina a de fazer-se sustentar, no todo ou em parte, pela pessoa que exerce a prostituição. Por conseguinte, duas são as condutas incriminadas.

Na primeira, o rufião torna-se um empresário ou sócio oculto de quem exerce o meretrício, não importando para a caracterização do delito ele ficar com todo o dinheiro obtido por quem o exerce ou manter, paralelamente, uma atividade laborativa lícita, já que o tipo expressamente refere-se a participação direta dos lucros. Portanto, nada muda quando o rufião possui meios de subsistência, um emprego ou uma profissão e os exerça.

Na segunda hipótese, o agente passa a ser mantido total ou parcialmente pela atividade do ofendido, dele recebendo moradia, alimentação, roupas, tratamento médico, dentário, etc. Nesse caso, o rufião vive a expensas da atuação daquele que exerce a prostituição, e só excepcionalmente essa manutenção é parcial.

O rufião diferencia-se do proxeneta. Este atua como intermediário e, mesmo quando a sua intermediação é lucrativa, logo depois de obter a vantagem afasta-se da vítima. O rufião, ao contrário, depois de um primeiro fato continua a vicejar na sua atividade sórdida de exploração de sua vítima, como um parasita.

Essa atuação contínua, ainda que eventualmente interrompida e logo retomada, ou não, outorga ao crime a sua característica de crime permanente. Crime permanente, como já foi visto, é aquele cuja fase de consumação se prolonga no tempo e só cessa com o encerramento da atividade delituosa.

Os verbos *participando* e *fazendo-se sustentar* indicam habitualidade. Desse modo, no primeiro a participação deve ser continuada. No segundo, a própria expressão indica o prolongamento da exploração. De consequência, um ato isolado em benefício do sujeito, "que não alimenta a intenção de desfrutar da vítima, não caracteriza o delito, ainda que esse ato consista na percepção de gorda maquia que lhe permita viver por largo tempo" (Magalhães Noronha).

A tônica do rufianismo é a atuação do sujeito ativo de buscar uma vida parasitária. Por conseguinte, "o sustento pode concretizar-se em dádiva de dinheiro, como em fornecimento da alimentação, vestuário, ou qualquer outra vantagem ou prestação econômica" (Nélson Hungria).

O verbo *tirar* afasta a exigência de que a iniciativa parta do agente, que, claro, pode ocorrer, mas não se faz indispensável. Crime haverá mesmo quando a vítima tome espontaneamente a iniciativa, oferecendo o sustento ou a participação nos lucros ao agente (RT 277/126, 288/176).

A tipificação exige que o rufião participe diretamente dos lucros da prostituição ou se faça sustentar, no todo ou em parte, por quem a exerça (RT 347/75).

7. TIPO SUBJETIVO

O delito exige apenas o dolo, que é a vontade livre e consciente de participar dos lucros auferidos pela prostituta ou de se fazer sustentar, no todo ou em parte, por ela.

A doutrina nacional largamente majoritária, com a qual concordamos, não exige qualquer finalidade especial para a composição do tipo subjetivo.

8. CONSUMAÇÃO E TENTATIVA

O crime consuma-se quando o rufião passa a participar dos lucros auferidos na prostituição ou quando começa a ser sustentado, total ou parcialmente, pela vítima.

A consumação do crime permanente ocorre com a cessação da permanência, quando a pessoa deixa de praticar as condutas indicadas, isto é, no momento em que se rompe a parceria entre vítima e rufião ou quando este deixa de ser sustentado por ela.

Tratando-se de crime material, permite a tentativa. Quanto à possibilidade da tentativa em crimes habituais, remetemos o leitor aos comentários que fizemos ao artigo anterior.

9. FORMAS QUALIFICADAS

Os §§ 1º e 2º são, com alguns acréscimos, uma repetição do disposto nos arts. 227 e 228 do CP.

Foram acrescentados aqui o padrasto, a madrasta e o enteado, permanecendo as demais pessoas relacionadas nos textos anteriores. Assim, como tais assuntos já foram por nós abordados, remetemos o leitor aos comentários sobre a mediação para servir à lascívia de outrem (art. 227) e o favorecimento da prostituição (art. 228).

Antes, porém, salientamos que não qualifica o delito o emprego de fraude, certamente porque o legislador acreditou ser pouco provável, senão impossível, que possa, uma pessoa que reúna tais qualificativos, ser atraída à prostituição por trapaça do agente.

10. DISTINÇÃO

O rufianismo difere do favorecimento à prostituição, porque neste delito a atividade do agente está em induzir alguém a se introduzir na prostituição ou facilitar o seu ingresso ou, ainda, impedir sua saída, atividade que pode ser desenvolvida com ou sem intuito de lucro.

No rufianismo, a intenção de obter vantagem econômica sempre está presente e o agente participa diretamente dos lucros da prostituição, fazendo-se sustentar no todo ou em parte da atividade de que a exerce.

11. CONCURSO

Os sucessivos recebimentos de dinheiro ou outra utilidade de valor econômico não caracterizam crime continuado, já que se trata de crime permanente, em que a reiteração da mesma conduta reprovável é o seu preferente referencial.

Porém, a continuidade delitiva é perfeitamente aceitável quando forem duas ou mais pessoas exploradas.

12. PENA

A pena é de reclusão, de 1 (um) a 4 (quatro) anos, e multa.

Todavia, consoante a redação do § 1º, se a vítima for menor de 18 (dezoito) anos e maior de 14 (catorze) anos ou se o crime é cometido por ascendente, padrasto, madrasta, irmão, enteado, cônjuge, companheiro, tutor ou curador, preceptor ou empregador da vítima ou por quem assumiu obrigação de cuidado, proteção ou vigilância para com a última, a pena será de reclusão, de 3 (três) a 6 (seis) anos, e multa.

Além disso, se houver emprego de violência, grave ameaça, fraude ou quaisquer outros meios que tenham impedido ou dificultado a livre manifestação de vontade da vítima, a pena será de 2 (dois) a 8 (oito) anos, sem prejuízo da pena correspondente ao emprego de violência.

TRÁFICO INTERNACIONAL DE PESSOA PARA FIM DE EXPLORAÇÃO SEXUAL

Art. 231. Promover ou facilitar a entrada, no território nacional, de alguém que nele venha a exercer a prostituição ou outra forma de exploração sexual, ou a saída de alguém que vá exercê-la no estrangeiro.

Pena - reclusão, de 3 (três) a 8 (oito) anos.

§ 1º Incorre na mesma pena aquele que agenciar, aliciar ou comprar a pessoa traficada, assim como, tendo conhecimento dessa condição, transportá-la, transferi-la ou alojá-la.

§ 2º A pena é aumentada da metade se:

I - a vítima é menor de 18 (dezoito) anos;

II - a vítima, por enfermidade ou deficiência mental, não tem o necessário discernimento para a prática do ato;

III - se o agente é ascendente, padrasto, madrasta, irmão, enteado, cônjuge, companheiro, tutor ou curador, preceptor ou empregador da vítima, ou se assumiu, por lei ou outra forma, obrigação de cuidado, proteção ou vigilância; ou

IV - há emprego de violência, grave ameaça ou fraude.

§ 3º Se o crime é cometido com o fim de obter vantagem econômica, aplica-se também multa.

1. INTRODUÇÃO

Esse delito, de construção recente, recebe na doutrina a inadequada denominação de *tráfico de brancas*.

A primeira lei incriminadora do tráfico de mulheres surgiu na Inglaterra, em 1885, com o *Criminal Law Amendment Act* (Decreto da Emenda da Lei Penal), donde se propagou para todo o planeta, tornando-se crime internacional.

Uma série de sucessivos congressos internacionais reforçou o entendimento no sentido da necessidade de uma cooperação internacional para pôr fim a esse flagelo.

O primeiro marco foi o Congresso Penitenciário de Paris, realizado em 1885. Em Londres, em 1899, realizou-se o Congresso Internacional sobre Tráfico de Escravas Brancas. Em 1902, agora com a participação de uma delegação brasileira, realizou-se a Conferência de Paris.

Ainda durante o primeiro quartel do século XX foi realizada uma série de congressos com essa finalidade: em Viena (1909), Paris (1910), Bruxelas (1912) e Londres (1913).

A Sociedade das Nações, em 1921, 1923 e 1933, promoveu em Genebra convenções internacionais objetivando a punição da tentativa e, inclusive, dos próprios atos preparatórios no tráfico de mulheres, tendo sido atribuídos àquela sociedade poderes e funções penais para a repressão penal.

Depois da dissolução da Sociedade das Nações, a ONU, em 1947, firmou protocolo em Lake Success, onde foram ratificadas as conclusões anteriores. Atualmente, acha-se em vigor em nosso país a *Convenção para repressão do tráfico de pessoas e do lenocínio*, firmada em Lake Success, em 21.3.1950, à qual o Brasil aderiu por meio do Decreto Legislativo 6, de 11.6.1958.

O Brasil também se vinculou à Convenção Americana sobre Direitos Humanos, o chamado Pacto de São José da Costa Rica, que, em seu art. 6.1, proíbe qualquer forma de tráfico de mulheres.

O Código Penal de 1890 cuidou do tráfico de modo impreciso, dispondo: "Induzir mulheres, quer abusando de sua fraqueza ou miséria, quer constrangendo-as por intimidades ou ameaças a se empregarem no tráfico da prostituição". A respeito, assevera Heleno Fragoso, "como se observou, quem se empregava no tráfico não eram as mulheres (que eram objeto dele), mas, sim, os traficantes ou exploradores".

2. CONCEITO

Para definir esse crime, o nosso Código Penal inspirou-se no projeto *Coll-Gómez*, de 1937, elaborado para a Argentina, afastando-se da legislação italiana então vigente, porquanto nesta a configuração do delito exigia a menoridade ou alienação mental da vítima ou o emprego de violência, ameaça ou fraude. A tipificação estabelecida no Projeto Alcântara Machado era mais ampla, por se referir tanto à mulher quanto ao homem como objeto do delito, seguindo várias legislações então contemporâneas, entre as quais os Códigos suíço e polonês.

3. OBJETIVIDADE JURÍDICA

O objeto jurídico desse delito é a moralidade pública sexual, procurando-se, mediante a tipificação, impedir o abjeto comércio de pessoas para fins de prostituição ou qualquer outra forma de exploração sexual, dos quais pode resultar sérias implicações internacionais.

4. SUJEITO ATIVO

Sendo crime comum, qualquer pessoa, homem ou mulher, pode praticá-lo. Atente-se, contudo, que esse crime é normalmente cometido por organizações de delinquentes (crime organizado) ou por mais de uma pessoa em concurso.

5. SUJEITO PASSIVO

Sujeito passivo, segundo a doutrina e em face de nossa lei, é qualquer pessoa. As reformas efetivadas em 2005 e 2009 fizeram com que o nosso Código Penal acompanhasse outras legislações, como o antigo Código italiano, o peruano de 1991, o português de 1995 e o paraguaio de 1997, em que também a vítima desse delito pode ser qualquer pessoa, abrangendo, pois, ambos os sexos. Para nós, sujeito passivo é a comunidade internacional, sendo a mulher apenas objeto material do delito.

6. TIPO OBJETIVO

O art. 231, *caput*, trazia três verbos antes da Lei 12.015/2009: *promover*, *intermediar* ou *facilitar*. Com a reforma, retirou-se do *caput* o verbo *intermediar* e criou-se uma figura específica no § 1º. Restaram, então, dois verbos típicos na cabeça do artigo: *promover* e *facilitar*.

Promover é dar impulso, trabalhar a favor, avançar, executar, proporcionar; é, principalmente, fomentar. Na hipótese em tela, significa fomentar a entrada no território nacional de pessoa que nele venha exercer a prostituição ou outra forma de exploração sexual ou a saída de pessoa que vá praticá-la no estrangeiro. Como já enfatizamos, o tráfico de pessoas induz crime organizado e como exemplo temos a *Zuig Midal*, uma antiga organização polonesa que se dedicava "ao tráfico de mulheres, arrebanhadas na Europa, através da sedução, da violência e da fraude" (Heleno Fragoso).

Essa atividade ganhou grande impulso após a Primeira Guerra Mundial (1914-1918), tornando-se uma preocupação internacional, isto é, criou-se um lenocínio em escala internacional, obrigando a realização dos vários congressos internacionais já noticiados, que culminaram com a tipificação da conduta nos Códigos Penais de vários países e em leis penais extravagantes.

Facilitar é tornar ou fazer mais fácil, prestar auxílio, facultar a entrada ou saída de pessoas para a prostituição ou exploração sexual. A conduta do agente aqui não se reveste da mesma relevância da anterior, o que lhe concede um caráter de atividade acessória.

Destarte, enquanto na primeira das condutas o agente tem uma participação ativa na entrada ou na saída de pessoas do território nacional, na modalidade *facilitar* sua cooperação pode ocorrer até com a condescendência, com a omissão da conduta a que esteja obrigado. As duas possibilidades podem, assim, coexistir: um promove e o outro facilita, o que significa uma verdadeira repartição de condutas para a consecução do fim por ambos almejado. Evidente que, tratando-se de crime organizado, todos estão ligados pela regra do concurso de pessoas (art. 29 do CP), respondendo, inclusive, também pelo delito do art. 288 do CP, ou seja, por quadrilha ou bando.

O verbo *intermediar*, retirado do *caput*, foi desmembrado em seis novas figuras: *agenciar, aliciar, comprar, transportar, transferir* e *alojar*.

Aliciar é atrair, seduzir, envolver. *Comprar* é obter, conseguir, adquirir, mediante pagamento. A mesma pena cabe ao que, tendo conhecimento dessa condição, transporta, transfere ou aloja a pessoa traficada. *Transportar*, aqui, significa levar, carregar, conduzir. *Transferir* é mudar-se, deslocar-se de um lugar para outro. *Alojar* consiste em armazenar, acolher, agasalhar.

Enfatizamos que alguns pontos ainda devem ser aclarados. Primeiro, o crime induz tráfico internacional, não se caracterizando o delito quando uma pessoa é levada de uma unidade da federação para outra, isto é, tráfico interestadual. Nesse caso, o crime está previsto no art. 231-A, "tráfico interno de pessoa para fim de exploração sexual", que será visto em seguida. Segundo, a pessoa pode ser inteiramente corrompida e já ter exercido a prostituição ou exploração sexual no nosso país ou no de sua origem. Evidente que também pode ser uma pessoa iniciante. Terceiro, a anuência da pessoa não exclui o delito, porque se trata de bem coletivo, isto é, da comunidade internacional. Quarto, por força do princípio da territorialidade dá-se o crime mesmo quando ocorre apenas uma passagem pelo nosso território em demanda a outro país, isto é, quando o crime "toca" o território nacional.

A propósito, nessa mesma direção, escreve Magalhães Noronha:

> (...) como já se disse, tratase de delito internacional: depois, porque, em trânsito por nosso território, não deixa de haver saída para o exercício da prostituição em outro Estado; finalmente, porque o nome do crime é tráfico de pessoas, que significa negociação ou comércio e também sinônimo de tráfego, e não se poderá negar que a passagem por nosso solo constitua um trecho desse tráfego, viagem ou transporte.

O quinto aspecto a ressaltar é que, embora se trate de crime normalmente praticado com fim de lucro, esse não é indispensável para o seu reconhecimento. E, por fim, conquanto possa o delito apresentar como característica a habitualidade, esta não é necessária para a sua configuração.

Acrescentamos que a expressão *território nacional* abrange não somente o solo e as águas territoriais, mas todos os demais lugares onde o Estado brasileiro exerce sua soberania, conforme o art. 5° do CP.

7. TIPO SUBJETIVO

Para o nosso Código, basta o dolo genérico, consistente na vontade livre e consciente de praticar promover ou facilitar a entrada ou saída, no Brasil, de pessoa que venha ou vá *exercer* a prostituição ou qualquer outra forma de exploração sexual; *agenciar*, *aliciar* ou *comprar* a pessoa traficada, assim como, tendo conhecimento dessa condição, *transportá-la*, *transferi-la* ou *alojá-la*.

Ao contrário do que aconteceu em muitos países, em que o fim de lucro é elemento do tipo penal, o nosso legislador preferiu seguir um caminho próprio: se o crime é cometido com o fim de obter vantagem econômica, aplica-se também a pena de multa (§ 3º).

Parece-nos, todavia, que o tipo reclama um elemento subjetivo especial, exatamente aquele fim específico que guia o propósito de que a pessoa venha a exercer sua atividade no país ou no exterior. Por causa dessa sua peculiar configuração, alguns autores nele veem um *delito intencional de resultado cortado*, vale dizer, aquele delito em que o agente deseja que um resultado externo ao tipo se produza, sem sua intervenção direta, porém (entre outros, Jorge E. Buompadre).

8. CONSUMAÇÃO E TENTATIVA

O delito consuma-se com a entrada ou saída da pessoa de nosso país. O efetivo exercício da exploração sexual no Brasil ou no exterior constitui matéria do exaurimento, que ocorre quando o delito alcançou suas últimas consequências. Anotamos, no entanto, ser diverso o pensamento de Magalhães Noronha, para quem a efetiva prática da prostituição é requisito da consumação.

A tentativa é perfeitamente admissível. O exemplo de Júlio Fabbrini Mirabete é bem elucidativo: "A tentativa é perfeitamente possível e ocorre, por exemplo, quando o agente prepara os papéis e compra a passagem e a mulher [pessoa] é detida antes do embarque para o exterior". Trata-se, portanto, de conduta que apresenta fracionamento, razão pela qual a tentativa é sempre possível.

9. CONCURSO

O delito de tráfico de pessoas pode, eventualmente, concorrer com outros delitos, como falsificação de documentos ou uso de documento falso. Também pode apresentar-se o crime continuado, quando ocorrer a prática reiterada do mesmo delito.

10. AUMENTO DE PENA

O art. 231-A, em seu § 2º, determina o aumento da pena de metade se: a) a vítima é menor de 18 (dezoito) anos ou, por enfermidade ou deficiência mental, não tem o necessário discernimento para a prática do ato; b) se o agente é ascendente, padrasto, madrasta, irmão, enteado, cônjuge, companheiro, tutor ou curador, preceptor ou empregador da vítima ou se assumiu, por lei ou outra forma, obrigação de cuidado, proteção ou vigilância; e c) se há emprego de violência, grave ameaça ou fraude.

11. COMPETÊNCIA

Como esse crime envolve interesses internacionais, a competência para o seu processamento e julgamento é da Justiça Federal (art. 109, V, da Constituição Federal).

12. PENA

A pena-base é de reclusão de 3 (três) a 8 (oito) anos.

Contudo, é aumentada da metade se a vítima for menor de 18 (dezoito) anos; se não tiver o necessário discernimento para prática do ato, em razão de enfermidade ou deficiência mental; se o agente é descendente, padrasto, madrasta, irmão, enteado, cônjuge, companheiro, tutor ou curador, preceptor ou empregador da vítima ou se assumiu, por lei ou por outra forma, obrigação de cuidado, proteção ou vigilância; e se houver emprego de violência, grave ameaça ou fraude.

Ressalte-se que se há intenção de auferir lucros aplica-se também a multa ao caso em questão.

TRÁFICO INTERNO DE PESSOA PARA FIM DE EXPLORAÇÃO SEXUAL

Art. 231-A. Promover ou facilitar o deslocamento de alguém dentro do território nacional para o exercício da prostituição ou outra forma de exploração sexual:

Pena - reclusão, de 2 (dois) a 6 (seis) anos.

§ 1º Incorre na mesma pena aquele que agenciar, aliciar, vender ou comprar a pessoa traficada, assim como, tendo conhecimento dessa condição, transportá-la, transferi-la ou alojá-la.

§ 2º Pena é aumentada da metade se:

I - a vítima é menor de 18 (dezoito) anos;

II - a vítima, por enfermidade ou deficiência mental, não tem o necessário discernimento para a prática do ato;

III - se o agente é ascendente, padrasto, madrasta, irmão, enteado, cônjuge, companheiro, tutor ou curador, preceptor ou empregador da vítima, ou se assumiu, por lei ou outra forma, obrigação de cuidado, proteção ou vigilância; ou

IV - há emprego de violência, grave ameaça ou fraude.

§ 3º Se o crime é cometido com o fim de obter vantagem econômica, aplica-se também multa.

1. INTRODUÇÃO

Seguindo a linha de combate ao tráfico internacional de pessoas, o legislador introduziu no ordenamento jurídico, com a Lei 11.106/2005, a figura do tráfico interno de pessoas. Desse modo, ampliou o âmbito de proteção do bem jurídico protegido pelo art. 231 no sentido de coibir o tráfico de pessoas e o exercício de alguma forma de exploração sexual, agora dentro do território nacional. Isso porque o turismo sexual dentro do território nacional também ganhou vultosas proporções.

A grande inovação trazida com a nova lei deu-se na ampliação da finalidade do tráfico de pessoas para incluir a expressão *outras formas de exploração sexual*. Anteriormente, aceitava-se apenas o tráfico para o fim de prostituição, mas, diante do surgimento de diversas outras formas de exploração sexual, fez-se necessário inserir esse conceito aberto.

O problema, contudo, está no fato de que dessa amplitude podem decorrer problemas, uma vez que isso dá margem a várias interpretações do que seria a exploração sexual penalmente relevante. Não há uma forma precisa, pois as visões acerca de quais condutas poderiam ser aqui encaixadas variam segundo cada intérprete.

Nessa esteira, o projeto de lei tentou limitar o que poderia ser a exploração sexual em seu art. 234-C. Entretanto, esse artigo recebeu veto presidencial.

Exemplos: o toque (apalpadas) na genitália, a contemplação visual, a dança sensual por pessoa desnuda (*striptease*), a submissão a violência corporal para satisfazer lascívia (sadomasoquismo), produção fotográfica e audiovisual pornográfica.

2. CONCEITO

Diferentemente do tráfico internacional de pessoas, o tráfico interno se caracteriza pelo exercício da exploração sexual comercial dentro do território nacional. Nesse sentido, ensina Luiz Regis Prado:

> Se o agente leva a vítima de uma região a outra do mesmo país, não se caracteriza o delito em epígrafe (tráfico internacional), que pressupõe tráfico internacional e não interestadual. Nesse caso, configurado estará o crime do artigo 231-A.

O comentário do professor paranaense é feito com base na legislação anterior, que previa o tráfico interno e internacional em um mesmo artigo.

3. OBJETIVIDADE JURÍDICA

O objeto jurídico desse delito é a dignidade pública sexual, procurando-se, mediante a tipificação, impedir o abjeto comércio de pessoas para a prática de prostituição ou qualquer outra forma de exploração sexual.

Esse crime, além de frontalmente ferir a dignidade da pessoa, pode vir a ocasionar sérias implicações, agora no âmbito interno.

4. SUJEITO ATIVO

Sendo crime comum, qualquer pessoa, homem ou mulher, pode praticá-lo. Atente-se, contudo, que ele é normalmente cometido por organizações de delinquentes (crime organizado), como dito alhures quanto ao art. 231, ou por mais de uma pessoa em concurso.

5. SUJEITO PASSIVO

Com a Lei 12.015/2009, o sujeito passivo passou a ser o homem ou a mulher, entendimento que se apresenta na nossa doutrina majoritária.

Vislumbramos também no polo passivo a comunidade nacional, pela alta significação do chamado *turismo sexual*, em franco crescimento no nosso país.

6. TIPO OBJETIVO

A Lei 12.015/2009 retirou do *caput* do referido artigo o verbo *intermediar*, bem como aplicou uma forma mais genérica ao dispor que incorre no delito aquele que *promover* ou *facilitar* o deslocamento, retirando, assim, do *caput* a conduta de auxiliar no *recrutamento*, *transporte*, *transferência*, *alojamento* ou *acolhimento*. Tais ações passaram a integrar o § 1° do artigo, que dispõe que se aplica a mesma pena àquele que *agenciar*, *aliciar*, *vender*, *comprar*, *transportar*, *transferir* ou *alojar*.

Promover é dar impulso, trabalhar a favor, avançar, executar, proporcionar; é, principalmente, fomentar. Na hipótese em apreço, significa fomentar o deslocamento, dentro do território nacional, de pessoa que nele venha exercer a prostituição ou outra forma de exploração sexual.

Facilitar é tornar ou fazer mais fácil, prestar auxílio, facultar a entrada ou saída de pessoas para a prostituição.

Destarte, enquanto na primeira conduta o agente tem uma participação ativa no deslocamento de pessoas para a prática da prostituição no território nacional, na modalidade *facilitar* sua cooperação pode ocorrer até com a condescendência, com a omissão da conduta a que esteja obrigado. Ambas podem, assim, coexistir: um promove e o outro facilita, o que significa uma verdadeira repartição de condutas para a consecução do fim almejado. Evidente que, tratando-se de crime organizado, todos estão ligados pela regra do concurso de pessoas (art. 29 do CP), respondendo, inclusive, também pelo delito do art. 288 do CP, ou seja, por quadrilha ou bando. No delito em tela, a anuência da pessoa não exclui o delito, porque se trata de bem coletivo, isto é, da comunidade nacional.

Ressalte-se que se trata de crime normalmente praticado com fim de lucro, mas esse não é indispensável para o seu reconhecimento, entendimento inclusive reforçado pelo § 3º, que faz incidir a multa quando o fim almejado seja a vantagem econômica.

Da mesma forma, muito embora possa o delito apresentar como característica a habitualidade, essa não é necessária para a sua configuração.

Não é demais repetir que a expressão *território nacional* abrange não somente o solo e as águas territoriais, mas também os demais locais onde o Estado brasileiro exerce sua soberania, consoante o art. 5º do CP.

7. TIPO SUBJETIVO

Para o nosso Código, basta o dolo genérico, porque o fim de lucro constitui uma circunstância que qualifica o delito.

O nosso legislador preferiu seguir um caminho próprio. Parece-nos, todavia, que o tipo subjetivo reclama um elemento especial, exatamente aquele fim específico que guia o propósito de exercer a atividade.

Por causa dessa sua especial configuração alguns autores nele veem um *delito intencional de resultado cortado*.

8. FORMAS QUALIFICADAS

O § 1º do artigo em comento estabelece que incide na mesma pena aquele que *agenciar*, *aliciar*, *vender* ou *comprar* a pessoa traficada, assim como, tendo conhecimento dessa condição, *transportá-la*, *transferi-la* ou *alojá-la*. Já o § 2º reproduz os incisos do artigo anterior.

9. CONSUMAÇÃO E TENTATIVA

A consumação ocorre com a promoção ou a facilitação de pessoas dentro do território nacional, isto é, com o *turismo sexual nacional*, que se manifesta com o *agenciamento, aliciamento, venda* ou *compra* da pessoa traficada.

Contudo, também ocorre o delito diante do *transporte, transferência, alojamento* ou *acolhimento* de pessoa que venha a exercer a exploração sexual, desde que o agente tenha conhecimento da proibição.

O exercício da prostituição caracteriza exaurimento do delito, que a partir de então passa a apresentar suas nefastas consequências.

A tentativa, ressalte-se, é perfeitamente possível. Guilherme de Souza Nucci, todavia, entende ser a primeira impossível, porque "é um crime condicionado: ou ocorre a prostituição e o delito se consuma, ou é irrelevante penalmente".

10. CONCURSO

Esse delito pode concorrer com outros, como o de falsificação de documentos ou uso de documento falso. Também pode se apresentar em continuidade delitiva.

11. PENA

A pena é de reclusão de 2 (dois) a 6 (seis) anos.

Todavia, é aumentada da metade se a vítima for menor de 18 (dezoito) anos; não tiver o necessário discernimento para prática do ato em razão de enfermidade ou deficiência mental; se o agente é descendente, padrasto, madrasta, irmão, enteado, cônjuge, companheiro, tutor ou curador, preceptor ou empregador da vítima ou se assumiu, por lei ou por outra forma, obrigação de cuidado, proteção ou vigilância; e se houver emprego de violência, grave ameaça ou fraude.

Ressalte-se que, se há intenção de auferir lucros, aplica-se também a multa ao caso em questão.

ATO OBSCENO

Art. 233. Praticar ato obsceno em lugar público, ou aberto ou exposto ao público:

Pena detenção, de três meses a um ano, ou multa.

1. INTRODUÇÃO

O ato obsceno era considerado uma forma de ultraje ao pudor público, a primeira das quatro que compõem o Capítulo VI do Código Penal, mas estranhamente é punido com pena mais benevolente: detenção de 3 (três) meses a 1 (um) ano, ou multa.

2. CONCEITO

Por ato obsceno entende-se aquele que atrita aberta e grosseiramente com o sentimento de pudor dos moradores de uma determinada comunidade, em um determinado momento de sua evolução.

A obscenidade deve ser apreciada objetivamente, podendo consistir em uma única e solitária conduta ou em uma pluralidade delas. Daí conclui-se que essa conduta deve ser positiva, isto é, deve significar um *fazer* e não um *não fazer*.

Por conseguinte, o simples ingresso de um homem em um sanitário privativo de mulheres não pode ser considerado obsceno, porque não só lhe falta o aspecto subjetivo de ultrajar, mas também a finalidade de que os atos sejam contemplados pelos sujeitos passivos. Falta a tipicidade subjetiva.

3. OBJETIVIDADE JURÍDICA

Como já deixamos a perceber no decurso deste trabalho, a determinação da tutela jurídica não é uma tarefa simples, como talvez se possa pensar.

De um modo geral, a doutrina brasileira tem optado por considerar que a tutela jurídica concentra-se no pudor público (Magalhães Noronha, Heleno Fragoso, Paulo José da Costa Júnior, Júlio Fabbrini Mirabete, Luiz Regis Prado, Guilherme de Souza Nucci e Luíza Nagib Eluf). Na Itália, o delito está relacionado pelo Código entre os que ofendem a moralidade pública e os bons costumes.

Todavia, no Direito Penal atual não se pode considerar como bem juridicamente tutelado tão somente os bons costumes, a moralidade pública ou o pudor. O ser humano sempre deverá estar no polo ativo e no passivo.

Dessa feita, pode-se concluir que o que se busca com esses tipos de normas é evitar a intromissão na esfera da liberdade sexual do indivíduo, do seu direito de não se confrontar com a pornografia. Trata-se, portanto, de um direito individual que, uma vez violado, provoca mal-estar mesmo em pessoas tolerantes para com a pornografia.

4. SUJEITO ATIVO

Qualquer pessoa pode ser sujeito ativo desse delito, homem ou mulher. Frequentemente o agente é um *exibicionista*, pessoa dominada pela compulsão de exibir os órgãos genitais. Daí a recomendação de Magalhães Noronha de que se deve apurar rigorosamente a sua imputabilidade, pois, regularmente, trata-se de um doente mental.

5. SUJEITO PASSIVO

A discrepância que envolve o bem juridicamente tutelado cria dificuldades para a determinação do sujeito passivo.

Assim, entre os autores que sustentam ser o bem jurídico protegido a moralidade pública diante dos atos repugnantes, sujeito passivo só pode ser o próprio Estado e a coletividade. Todavia, uma vez aceito que a tutela jurídica só pode recair sobre os chamados bens pessoais, como sustenta a doutrina mais atual, ela só se vincula à liberdade sexual.

6. TIPO OBJETIVO

O verbo típico é *praticar,* que significa no vernáculo fazer, realizar, cometer, executar, levar a efeito. Ao lado do verbo típico, o legislador agregou um elemento normativo ou cultural, que é o ato obsceno.

A palavra *obsceno* advém do latim *obscenu,* que significa torpeza, imundície, desonestidade, lascívia, impudicícia, aquilo que é contrário ao pudor. Provém originariamente do grego *koinón,* que quer dizer imundo e daí passou a compor o latim. Ato obsceno, no texto legal, assume o significado de ato impudico realizado em lugar público ou aberto ou exposto ao público, impondo ao particular o constrangimento de visualizá-lo, enquanto satisfaz ao apelo sexual do agente.

O nosso Código não define o que se deve entender por ato obsceno, afastando-se assim do Código italiano de 1930. Este, por exemplo, no art. 529, define o ato obsceno como aquele que, segundo o sentimento comum, ofende o pudor.

Trata-se de elemento normativo ou cultural do tipo cujo sentido deve ser buscado na sua conotação sexual de amplo aspecto e que pode ser realizado mediante um ou uma pluralidade de atos, mas sempre constituído por um *fazer*, por uma atuação positiva. Impossível ultrajar mediante omissão.

No entanto, empregando as palavras *praticar ato*, o legislador, mesmo restringindo o âmbito da proibição, permite concluir ter optado por todas as formas de atividade real, simbólica ou verbal, ficando excluídas outras condutas como os escritos, desenhos, imagens obscenas, fotografias eróticas, etc., que ficam abrangidas pelo art. 234.

Não se considera obscena a obra artística, literária ou científica, ressalvada a hipótese de sua realização por motivo diverso do de fazer arte ou fazer ciência. Isto é, obra com significado bem diverso e que não representa qualquer argumento cultural (Jannitti Piromallo). Seria absurdo acoimar as pinturas e esculturas de Michelangelo de obscenas, ofensivas ao pudor. Nem mesmo se pode entender como obsceno o conteúdo do livro *A Carne*, de Júlio Ribeiro, ou do *Primo Basílio*, de Eça de Queirós.

A doutrina mais antiga incluía o beijo entre os atos obscenos quando realizado em público, hoje uma prática usual, mesmo aqueles ósculos em que se concentra uma elevada carga de erotismo. Como diz Paulo José da Costa Júnior, dissertando sobre o beijo, este, "nos tempos atuais, não se deve ser considerado ato obsceno por não ofender mais, como dantes, o pudor publico". E conclui que "algum conservador retrógrado poderá considerar-se ofendido, mas não é o bastante".

O Tribunal de Alçada Criminal de São Paulo já definiu não ser o beijo ato obsceno:

> Constitui fato corriqueiro em nossos dias a presença de namorados, em qualquer lugar abraçando-se e beijando-se. Acontece tanto nas grandes como nas pequenas cidades. Durante o dia ou durante a noite. Algumas pessoas de hábitos mais rígidos, ainda demonstram seu inconformismo diante de tais cenas amorosas nas vias públicas; ou-

> tras, nem tanto. A maioria, porém, passa indiferente, sem se mostrar escandalizada. A verdade é que tais fatos não atritam abertamente, grosseiramente, com o sentimento médio de pudor, ou com os bons costumes (RT 479/339).

De se concluir, pois, ser sempre relativo o conceito de sentimento de pudor, relatividade que não somente atinge o aspecto moral, mas também jurídico. Esclarecemos também que a jurisprudência tem reconhecido haver o crime nas seguintes hipóteses: nos atos de bolinação em público, no apalpar as nádegas de alguém ou os seios, na exibição dos órgãos genitais, no *streaking* ou *chispada,* que é andar ou correr desnudo, etc.

Para que ocorra a incriminação faz-se necessário que o ato obsceno seja praticado em lugar público, aberto ou exposto ao público. São três situações regidas pelo verbo *praticar* e pela elementar *ato obsceno.* Logo, a incriminação ocorre com a prática de ato obsceno em lugar público, em lugar aberto ao público ou em lugar exposto ao público. Examinemos cada uma dessas situações.

Lugar público é aquele que, no momento do fato, estava aberto para a generalidade dos cidadãos ou para um grande número deles. O lugar público pode ser considerado como tal *pela sua própria natureza*; *lugar público por destinação*; e *lugar eventualmente público* (por acidente). Quanto a este último, sem perder de vista a classificação proposta, preferimos considerar lugar eventualmente público.

Lugar público pela sua própria natureza é aquele acessível absoluta e permanentemente a todas as pessoas, sem qualquer condição. São as estradas, ruas, avenidas, praças, passeios, pontes de acesso, etc., cuja entrada é facultada gratuitamente ou mediante pagamento, sendo exemplos as igrejas e templos, museus, tribunais, teatros, cinemas, praças desportivas, etc.

O segundo, por seu turno, refere-se aos locais em que qualquer pessoa pode entrar, de modo livre ou condicionado, como templos, tribunais, teatros, cinemas, etc.

O terceiro é o lugar privado que só eventualmente transforma-se em público; serve de exemplo uma casa residencial onde acidentalmente permite-se o ingresso do público, como os leilões beneficentes realizados em prédio residencial.

Por conseguinte, ao adotar expressões precisas, o nosso Código abriu o campo para a incriminação do ato impudico, atingindo não só o lugar público por sua natureza, mas também aqueles que o são por destinação; e culmina por relacionar o lugar onde mesmo não existindo o acesso o ato pode ser visualizado sem maiores dificuldades, por ser realizado à vista das pessoas.

A doutrina nacional tem assinalado que para a configuração do delito não se faz necessário que, pelo menos, uma pessoa presencie o ato obsceno, pois, como se trata de crime formal, basta a possibilidade de sua visualização (Nélson Hungria, Magalhães Noronha, Heleno Fragoso, Paulo José da Costa Júnior, Bento de Faria, Júlio Fabbrini Mirabete e Luiz Regis Prado). Assim também pensamos.

7. TIPO SUBJETIVO

O tipo subjetivo é constituído pelo dolo (dolo genérico), não tendo o nosso Código seguido o Código italiano, que admite um delito culposo.

O dolo pode ser direto ou eventual, exigindo a vontade de praticar o ato que sabe ser obsceno e a consciência de que a publicidade do lugar onde o fato ocorre não permite a sua prática.

Mas não se pense, e nisso tem razão Nélson Hungria, que a publicidade do local seja *condição objetiva de punibilidade*, isto é, que a publicidade do local não precise compor o dolo do agente. Fosse esse o entendimento do Código, dever-se-ia reconhecer o erro de tipo quando ao agente faltasse esse conhecimento.

8. CONSUMAÇÃO E TENTATIVA

Para a nossa doutrina predominante, o crime se consuma com a prática do ato obsceno, ainda que esse não venha ser presenciado por qualquer pessoa ou que quem o presencie não se sinta ofendido.

Trata-se de crime formal e de perigo. Efetivamente, para a nossa doutrina, praticamente pacífico é o entendimento de que a publicidade exigida refere-se com exclusividade ao local, sendo, portanto, irrelevante para a consumação que o ato tenha sido presenciado por alguém.

A tentativa é considerada teoricamente possível, mas de difícil configuração.

9. PENA

A pena para o crime em questão é de 1 (um) a 3 (três) anos de reclusão, ou multa.

ESCRITO OU OBJETO OBSCENO

Art. 234. Fazer, importar, exportar, adquirir ou ter sob sua guarda, para fim de comércio, de distribuição ou de exposição pública, escrito, desenho, pintura, estampa ou qualquer objeto obsceno:

Pena - detenção, de seis meses a dois anos, ou multa.

Parágrafo único - Incorre na mesma pena quem:

I - vende, distribui ou expõe à venda ou ao público qualquer dos objetos referidos neste artigo;

II - realiza, em lugar público ou acessível ao público, representação teatral, ou exibição cinematográfica de caráter obsceno, ou qualquer outro espetáculo, que tenha o mesmo caráter;

III - realiza, em lugar público ou acessível ao público, ou pelo rádio, audição ou recitação de caráter obsceno.

1. INTRODUÇÃO

O delito ora em estudo era desconhecido no Direito antigo, tanto que "quer no Direito romano, quer na Idade Média, a ofensa ao pudor público, ou se enquadrava no conceito de outro crime contra os costumes, ou entrava na noção amplíssima de injúria" (Heleno Fragoso).

A punição era feita com penas de multa e de prisão, mas também se aplicava o confisco dos escritos e dos objetos obscenos. Vários congressos internacionais foram realizados com a finalidade de coibir o comércio internacional de publicações pornográficas.

Entre nós, a incriminação surgiu no Código de 1830 (art. 279), mas era feita como *crime policial* (contravenção):

> Ofender evidentemente a moral pública em papéis impressos, litografados ou gravados, ou estampas, e pinturas, que se distribuírem por mais de quinze pessoas, e bem assim a respeito destas, que estejam expostas publicamente à venda.

A pena era de 2 (dois) a 6 (seis) meses de prisão, multa e perda dos objetos. O primeiro Código republicano, com uma redação inadequada, incriminou apenas as exibições, atos ou gestos obscenos no art. 282 que podiam ultrajar e escandalizar a sociedade.

2. CONCEITO

O ato obsceno é o que atrita com o sentimento de pudor social. Trata-se de crime de ação múltipla, também conhecido como delito de conteúdo variado, composto pelo *caput* (art. 234) e pelos incisos do parágrafo único. Todas essas condutas serão objeto de exame detalhado a seguir.

3. OBJETIVIDADE JURÍDICA

Surge aqui o mesmo problema já examinado no crime anterior. Para a nossa doutrina o bem juridicamente tutelado é o pudor público, representando um perigo para os padrões sociais a divulgação dos escritos, estampas ou objetos obscenos. Seria, portanto, um *crime vago*.

Como salientado no estudo do artigo anterior, a doutrina mais recente tem excluído da tutela jurídico-penal certos bens incorpóreos, como pudor público, moral social, etc., termos que se revestem de elevada imprecisão. No Direito Penal contemporâneo não podem se constituir bem jurídico os bons costumes, nem o pudor, nem a moral pública.

Nos delitos de que estamos cuidando, adverte Juan Bustos Ramírez que se devem suprimir os antigos conceitos e limitar-se a tutela aos bens jurídicos chamados *pessoais*, e nestes, aqui, não se pode ver outro diverso da liberdade sexual. Acrescentamos apenas ser esse o ponto de vista recente de quase todos os doutrinadores argentinos, dentre os quais estão alinhados: Jaime E. Malamud Goti, Jorge Eduardo Vázquez Rossi, Edmundo S. Hendler, Alberto Binder, Carlos Borinsky e Edgardo Donna. No Chile, além do já citado Juan Bustos Ramírez, inclui-se Mario Garrido Montt.

4. SUJEITO ATIVO

Qualquer pessoa pode praticar esse delito. Trata-se, portanto, de crime comum.

5. SUJEITO PASSIVO

As observações acima formuladas permitem concluir que o sujeito passivo desse delito é a pessoa física titular de sua liberdade sexual.

6. TIPO OBJETIVO

Várias são as ações incriminadas no art. 234 do CP. Adotando um componente pedagógico, vamos iniciar nossos estudos começando pelo art. 234, *caput*, fixando as suas condutas típicas: *fazer* (criar, produzir, fabricar, elaborar); *importar* (introduzir, fazer entrar no país, trazer); *exportar* (fazer sair do país com destino ao exterior); *adquirir* (obter a título gratuito ou oneroso); *comprar*, (alcançar, assumir, conquistar); ou *ter* sob sua *guarda* (deter, guardar, acondicionar, conservar, ter sob seu domínio) para fim de comércio, distribuição ou exposição pública, *escrito* (composição gráfica nas formas manuscrita ou impressa), *desenho* (representação gráfica por traços de coisas ou objetos), *pintura* (representação colorida de vários objetos), *estampa* ou qualquer objeto obsceno.

Finalmente, indicando ser a relação meramente exemplificativa, o art. 234 termina com a expressão *ou qualquer objeto obsceno,* que, à evidência, só pode ser um objeto material, como discos, filmes, fotografias, pôsteres, etc.

As ações incriminadas devem ser praticadas com fim de lucro, porque o próprio tipo se refere a *fim de comércio* e uma das principais características do ato de comércio é a finalidade de lucro.

Inafastável a busca de uma vantagem econômica com os atos praticados que ocorra ou não o lucro pretendido. Essa finalidade não é encontrável na distribuição ou exposição pública dos objetos aceitos como obscenos, embora possam os agentes que assim procedem perseguir também o lucro.

Advertimos que a doutrina nacional não tem exigido para a tipificação do delito o fim de lucro, quando o ato incriminado reveste-se das características de ato de comércio. Em sentido aparentemente contrário, parece-nos, é a manifestação de Luiz Regis Prado: "VI – vender, consubstanciada na ação de comercializar, ou seja, transferir a propriedade para outra pessoa, mediante pagamento."

Por conseguinte, quando a conduta do agente consistir em *fazer, importar, exportar, adquirir ou guardar escrito, pintura, estampa ou qualquer objeto obsceno para fim de comércio*, o fim de lucro acompanha a conduta.

A distribuição, se não é feita como manifestação de ato de comércio, surge como preparação para a sua prática. A exposição também objetiva a venda futura.

Ademais, exige a norma incriminadora que a conduta ofensiva ao pudor praticada pelo agente produza uma "excitação dos instintos grosseiros e dos baixos apetites sexuais" (Bento de Faria).

A ação direcionada pelo fim de comércio já foi suficientemente examinada. Quanto à distribuição e à exposição pública, às quais também se refere o *caput*, *distribuir* significa entregar a várias pessoas os objetos obscenos, e *exposição pública* é a amostra feita a um número indeterminado de pessoas. Com as três condutas, isto é, com a divulgação, o agente cria um perigo para a sexualidade de todo e qualquer cidadão.

Pode-se expor em vitrines de lojas e magazines, nas estantes de livrarias, nos mostruários internos das lojas, afixar capas de revistas pornográficas em bancas de jornais, etc. Trata-se, portanto, de um crime de perigo.

Questão largamente debatida envolve a possibilidade de se vislumbrar uma obscenidade em obras literárias, científicas ou artísticas. Duas correntes se formaram: uma entende que a arte nunca pode ser obscena; outra sustenta que a arte não pode justificar a obscenidade.

A primeira, de cunho objetivista, é defendida por Reinhart Maurach, Schönke-Schröder, Alfredo Rocco, Magalhães Noronha e Paulo José da Costa Júnior.

Em sentido oposto, uma corrente constituída por um critério subjetivo sustenta que somente se pode reconhecer a obscenidade quando a obra se dirige no sentido de produzir uma excitação do instinto sexual ou, em outras palavras, quando ela é elaborada com finalidade pornográfica (dentre outros, Liszt-Schmidt, Frank, Binding e Gerland).

O Código italiano de 1930 pôs um ponto final na polêmica que atingia a doutrina peninsular, estabelecendo que "não se considera obscena a obra de arte ou de ciência" (art. 529, § 2º).

O legislador não poderá levar em conta, e mesmo que o pudesse seria obra vã, aquele fenômeno psicológico, de fundo degenerativo, de homens que trazem a imoralidade na consciência e que mesmo da beleza esculpida no mármore extraem motivo de baixa excitação sexual.

Parece-nos que, uma vez mais, a virtude está no meio termo. Se, em verdade, na arte verdadeira inexistem obscenidades, não deve servir de meio para camuflar ou disfarçar uma torpe obscenidade, capaz de criar um estado anímico de volúpia sexual.

Ao magistrado prudente cabe a tarefa de discernir uma coisa da outra dentro de um critério objetivo, sem falsos pudores. Indispensável é um exame conjunto de toda a obra, isto é, uma apreciação objetiva do todo. Uma ou outra passagem à beira do erotismo não invalidam o conceito de obra artística, literária ou científica. Nem sempre será fácil, todavia, distinguir uma obra de arte de uma manifestação pornográfica.

E, ainda, não se pode considerar pornográfica uma obra que apresente num e noutro ponto, uma nuance pornográfica. A obra, obrigatoriamente, deve ser examinada no seu conjunto, na sua totalidade, pois é esse que permite um juízo de valor.

Note-se que se a capa ou o título de um livro for intencionalmente licencioso haverá o delito, ainda quando o conteúdo da obra nada apresentar do que o expediente sugere. Um adendo deve ser feito para o exame de livros científicos, onde fotografias e desenhos são estampados com um evidente componente pedagógico. Assim, um livro de medicina legal, que estampa em suas páginas fotografias e gravuras de órgãos genitais, indispensáveis à exposição ali feita visando o aprendizado, não incorre em obscenidade. O propósito é apenas e exclusivamente científico, sem resvalar pela licenciosidade.

Passadas algumas décadas, permanece inabalável a observação de Magalhães Noronha:

> Nos dias em que vivemos, quando a preocupação soberana é a da busca do dinheiro, lança mão de tudo o homem, inclusive da ciência e da arte, para, abastardando-as ou prostituindo-as, transformá-las em veículos daquela finalidade. Não pode nem deve a lei tolerar essa outra espécie de proxenetas e lenões.

Dentro da cautela que se recomenda, válida é a expressão de Stoppato, na tradução de Nélson Hungria:

> (...) a pornografia não é mais que a prostituição impressa, desenhada ou fotografada, e, se a prostituição pode ser penosamente tolerada em determinadas condições, não pode ser exibida e ensinada sem ofender o direito social da decência e do bom costume, sobre que se concentra tanto a energia moral como a física dos cidadãos.

Excluídos os exageros, até porque não concebemos a tutela jurídica concentrada nos bons costumes e na moral média da sociedade, a exposição do mestre peninsular tem o condão de advertir acerca da danosidade na distribuição e exposição pública de tais objetos obscenos, que assim podem alcançar a individualidade das pessoas na sua compreensão da sexualidade.

7. TIPO SUBJETIVO

O crime só é punível a título de dolo. Para alguns autores (Magalhães Noronha e Ariosvaldo de Campos Pires) suficiente é o dolo (dolo genérico). Para outros, também é exigível um especial fim de agir, representado pelo fim de comércio, distribuição ou exposição pública do objeto obsceno, que constituem elemento subjetivo do tipo, conhecido por *dolo específico* na doutrina tradicional (Heleno Fragoso, Paulo José da Costa Júnior, Júlio Fabbrini Mirabete e Luiz Regis Prado).

Para nós, quando a conduta é orientada pelo fim de comércio o lucro também se insere entre os elementos subjetivos do tipo.

Destarte, confira-se o que decidiu o antigo TACRIM-SP:

> não incide na sanção penal prevista no art. 234 do Código Penal, o professor que tece, em classe, considerações acerca do significado pornográfico de certas palavras, se faltou à sua ação o dolo indispensável à caracterização do delito (RT 449/48).

8. CONSUMAÇÃO E TENTATIVA

Como já afirmado, trata-se de crime formal e de perigo, que se consuma com a simples potencialidade de causação de um dano efetivo, material. Por conseguinte, a consumação opera-se com a realização de qualquer uma das condutas incriminadas.

Destarte, não há necessidade de que alguma pessoa tenha acesso ao objeto obsceno, nem que dele se desenvolva um processo erótico.

A tentativa é perfeitamente possível, posto que o *iter criminis* possui fracionamentos e a ação pode ser interrompida em qualquer desses momentos.

9. CONCURSO

Se um mesmo agente pratica duas ou mais das condutas incriminadas, isto é, faz, importa, exporta, adquire ou tem sob sua guarda objetos obscenos, haverá crime único.

Haverá continuidade delitiva, contudo, quando o agente realiza vários atos de importação ou de exportação. Acompanhamos, nesse passo, Nélson Hungria e Heleno Fragoso, esclarecendo que Júlio Fabbrini Mirabete entende haver em tal hipótese também crime único, em progressão criminosa. Este autor, agora com acerto, a nosso ver, indica que em havendo contrabando de objetos obscenos prevalece o crime de contrabando, por ser especial em relação ao do art. 234 do CP.

10. ESPETÁCULOS OBSCENOS

O inciso II do parágrafo único do art. 234 do CP incrimina a ação de realizar em lugar público ou acessível ao público representação teatral ou exibição cinematográfica de caráter obsceno, ou qualquer outro espetáculo em que aflora a obscenidade.

A expressão *representação teatral* é utilizada em um sentido genérico e não significa, em absoluto, que só haverá crime quando a representação pornográfica acontecer em teatro. Contrariamente, também haverá o delito quando o espetáculo é realizado ao *ar livre* e, inclusive, em casas particulares, se franqueadas ou acessíveis ao público.

Com apoio em Manzini, e entendendo que a expressão italiana *spettacoli teatrali* equivale à *representação teatral*, Galdino Siqueira escreve que realmente a expressão ora examinada possui sentido amplo de:

> (...) representaçao pública em qualquer parte, mesmo de exercícios, ao ar livre, podendo ter o caráter dramático, lírico, coreográfico, pantomímico, acrobático, ginástico, de jogos de força ou de habilidade, de ocultismo, magnetismo, mesmerismo, espiritismo, faquirismo, etc.

No texto legal cabem, perfeitamente, as *revistas,* as comédias, os dramas, os bailados, etc.

A representação pode ser onerosa ou gratuita e todas as pessoas que dela participam respondem por cumplicidade, como protagonistas, empresários ou diretores, pois formam um concurso de agentes (art. 29 do CP). O mesmo inciso II menciona a *exibição cinematográfica*, ou seja, a projeção de filmes, películas ou fitas, valendo aqui as mesmas observações anteriormente feitas quanto ao local de exibição (lugar público ou acessível ao público). Estão incluídos, à evidência, os filmes e as novelas exibidos pelos canais de televisão em circuitos abertos ou fechados, desde que permitida a presença de pessoas gratuitamente ou mediante pagamento de ingresso.

Uma expressão analógica completa a proibição: *qualquer outro espetáculo que tenha o mesmo caráter*, indicando, pois, que a enumeração é apenas exemplificativa. O inciso III refere-se à realização, em lugar público ou acessível ao público, de audição ou recitação de caráter obsceno.

O local onde se realiza a audição ou recitação não assume relevância, desde que seja público ou acessível ao público, salvo quando feita pelo rádio, que fica incluída no inciso anterior.

11. CLASSIFICAÇÃO

A questão reveste-se de uma séria interrogante: até que ponto a censura oficial prévia exclui o crime? Parece-nos haver uma inclinação no sentido de não ser ela suficiente para excluir o delito e nesse sentido já se decidiu (RT 252/327, 516/348), mas há decisão em contrário (RT 301/362).

É indisputável, todavia, que a censura prévia cria uma situação de erro relevante, apto a excluir o delito por meio do reconhecimento do erro de proibição indireto, uma vez que o erro recai sobre a permissão da conduta.

A censura se faz mais presente, e de maneira arbitrária estabelece restrições, durante as situações de anormalidade política, mas a retomada do Estado de Direito repõe as coisas em seus devidos lugares, limitando a sua incidência.

Todavia, o abuso deve ser sempre reprimido. Nas palavras de Heleno Fragoso:

O que se verifica é que a índole do regime determina a censura. Nos regimes democráticos há maior permissividade, fruto da força de pressão que exercem grupos consideráveis numa sociedade pluralística. Nos regimes autoritários, a censura sempre caminha em sentido oposto, chegando a excessos odiosos.

12. DISTINÇÃO

O Estatuto da Criança e do Adolescente criou tipos penais especiais buscando preservar a integridade dos menores e dos adolescentes, fixando como delituosa a conduta de produzir ou dirigir representação teatral, televisiva ou película cinematográfica, utilizando-se de criança ou adolescente em cena pornográfica (art. 240) e, também, a de fotografar ou publicar cena de sexo explícito ou pornográfica envolvendo criança ou adolescente (art. 241). Aplicada a regra (para muitos, princípio) da especialidade, afastados ficam não só o delito do art. 234, mas também o do art. 233. A lei especial prepondera sobre a geral.

13. PENA

A pena para o crime em comento varia de 6 (seis) meses a 2 (dois) anos, também incorrendo nela quem vende, distribui ou expõe à venda produto de cunho obsceno ou realiza, em local público ou de fácil acesso ao público, espetáculo ou qualquer tipo de apresentação congênere.

AUMENTO DE PENA

Art. 234-A. Nos crimes previstos neste Título a pena é aumentada:

I – (VETADO);

II – (VETADO);

III - de metade, se do crime resultar gravidez; e

IV - de um sexto até a metade, se o agente transmite à vitima doença sexualmente transmissível de que sabe ou deveria saber ser portador.

1. CONSIDERAÇÕES

A pena é aumentada de metade se do crime resultar gravidez. O legislador, que se preocupou em permitir a realização de aborto em caso de estupro (art. 128, II, do CP), coerentemente estabeleceu uma causa especial de aumento de pena para a ocorrência daquele resultado.

Diante da redação dada pela lei nova ao art. 213, não mais se faz necessário o recurso à analogia *in bonam partem*, como preconizava a doutrina para que também nessa hipótese pudesse ser autorizado o aborto sentimental.

Com a Lei 12.015/2009, o aumento de pena incide em qualquer ato libidinoso quando de sua prática ocorrer a gravidez, como na violação sexual mediante fraude (art. 215).

Acentua Rogério Sanches Cunha que

> o legislador busca, com a presente majorante, punir mais severamente o comportamento do autor, considerando, para tanto, a nefasta consequência do crime para a vítima (e familiares).

O acréscimo é de aplicação obrigatória. O inciso IV condiciona o aumento da pena de 1/6 (um sexto) até a metade ao fato de o agente transmitir à vítima doença sexualmente transmissível de que sabe ou deveria saber ser portador. Ao fixar como critério a doença sexualmente transmissível, evitou o legislador a expressão *doença venérea*, que constitui um conceito mais restritivo. Certamente as doenças venéreas compõem o rol das doenças sexualmente transmissíveis, mas outras moléstias como a AIDS ou SIDA integram a causa especial de aumento. O resultado qualificador só poderá ser afastado em caso de tentativa de homicídio, para evitar o *bis in idem*. Guilherme de Souza Nucci a respeito escreve:

> Entretanto, no cenário da AIDS, poder-se-ia dizer tratar-se de mero resultado qualificador ou ainda estar-se-ia diante de crime autônomo, consistente de tentativa de homicídio? Pensamos que, pelo atual avanço da medicina, a decisão acerca deste quadro, dependeria de avaliação médica e realização de perícia, para que se possa constatar o grau de danosidade gerado à vítima, bem como se pode considerá-lo fatal ou não.

Art. 234-B. Os processos em que se apuram crimes definidos neste Título correrão em segredo de justiça.

Justifica-se plenamente a cautela do legislador ao estabelecer que os crimes definidos no Título VI do CP sejam apurados em segredo de justiça, principalmente quando o exercício da ação penal depende de representação, isto é, quando se trata de ação penal pública condicionada. A publicidade do processo viola a intimidade da pessoa, submetendo o agente, que poderá ser inocente, e a própria vítima à maledicência. Como o dispositivo refere-se ao título, todos os crimes nele inseridos deverão correr em segredo de justiça.

BIBLIOGRAFIA

ALMEIDA JÚNIOR, A. *Lições de Medicina Legal*. Rio de Janeiro: Editora Nacional de Direito, 1957.

ANTOLISEI, Francesco. *Manuale di Diritto Penale*, parte speciale, tomo I, Milano: A Giuffrè, 1966.

BETTIOL, Giuseppe; MANTOVANI, Luciano Pettoello. *Diritto Penale, parte generale*. Padova: CEDAM, 1986.

BITENCOURT, Cezar Roberto. *Manual de Direito Penal*. São Paulo: Saraiva, 2002.

BUOMPADRE, Jorge Eduardo. *Tratado de Derecho Penal*, parte especial, tomo I. Buenos Aires: Astrea, 2009.

BUSTOS Ramírez, Juan. *Manual de Derecho Penal*, parte especial. Barcelona: Ediciones Ariel, 1991.

CAPANO, Evandro Fabiani. *Dignidade Sexual*. São Paulo: RT, 2009.

CAPEZ, Fernando. *Curso de Direito Penal*, parte especial. São Paulo: Saraiva, 2003, v. 2.

CASTRO, Francisco José Viveiros de. *Os delictos contra a honra da mulher*. Rio de Janeiro: Freitas Bastos, 1936.

COSTA, Álvaro Mayrink da. *Direito Penal*, parte especial. Rio de Janeiro: Forense, 2001.

COSTA JÚNIOR, Paulo José. *Código Penal Comentado*. São Paulo: DPJ Editora, 2005.

CREUS, Carlos. *Derecho Penal*, parte especial, tomo I. Buenos Aires: Editora Astrea, 1992.

CUNHA, Rogério Sanches, GOMES, Luiz Flávio; MAZZUOLI, Valério de Oliveira. *Comentários à Reforma Criminal de 2009*. São Paulo: RT, 2009.

DELMANTO, Celso *et al*. *Código Penal Comentado*. Rio de Janeiro: Renovar, 2002.

DIAS, Jorge de Figueiredo. *Comentário Conimbricense do Código Penal*, parte especial, tomos I e II. Coimbra: Editora, Coimbra, 1999.

DONNA, Edgardo Alberto. *Derecho Penal*, parte especial, tomo I, Rubinzal-Culzoni editores. Buenos Aires: Santa Fé, 1999.

ELUF, Luíza Nagib. *Crimes contra os costumes e assédio sexual*. São Paulo: Editora Jurídica Brasileira, 1999.

FARIA, Bento de. Código *Penal Brasileiro*, comentado, tomo VI. Rio de Janeiro: Record, 1961.

FIRMO, Aníbal Bruno de Oliveira. *Direito Penal*, parte geral, I, tomo II. Rio de Janeiro: Forense, 1959.

FRAGOSO, Heleno Cláudio. *Lições de Direito Penal*, parte especial. Rio de Janeiro: Forense, 1984, v. II.

FRANCO, Alberto Silva. *Código Penal e sua interpretação jurisprudencial*, parte especial. São Paulo: RT, 2001.

GARCIA, Basileu. *Apostilas para o 3º ano*, 1948.

GARRIDO MONTT, Mário. *Derecho Penal, parte especial*. Santiago: Editorial Jurídica de Chile, 2002.

GRECO FILHO, Vicente. *Uma interpretação de duvidosa dignidade (artigo), divulgação da Associação Paulista do Ministério Público de São Paulo*. Disponível em: <htt://www.apmp.com.br>. Acesso em: 16.11.2009.

GRECO, Rogério. *Curso de Direito Penal*. Niterói: Ímpetus, 2006, v. III.

HUNGRIA, Nélson. *Comentários ao Código Penal*. Rio de Janeiro: Forense, 1959, v. III.

LISZT, Franz von. *Tratado de Direito Penal*, tomos I e II, tradução brasileira de José Hygino Duarte Pereira. Rio de Janeiro: Editora F. Briguet, 1899.

MAGGIORE, Giuseppe. *Diritto Penale*, parte speciale, tomo primo. Bologna: Nicola Zanichelli Editore, 1948.

MIRABETE, Júlio Fabbrini. *Manual de Direito Penal*, parte especial. São Paulo: Atlas, 2002, v. I e II.

MUÑOZ CONDE, Francisco. *Derecho Penal*, parte especial. Sevilla: Publicaciones de la Universidad, 1983.

NORONHA, E. Magalhães. *Direito Penal*, atualizada por Dirceu de Mello e Eliana Passarelli Lepera. São Paulo: Saraiva, 1986, v. 3.

NUCCI, Guilherme de Souza. *Crimes contra a dignidade sexual*. São Paulo: RT, 2009.

PIERANGELI, José Henrique; ZAFFARONI, Eugenio Raúl. *Manual de Direito Penal Brasileiro*, parte geral. São Paulo: RT, 2009.

PIERANGELI, José Henrique; ZAFFARONI, Eugenio Raúl. *Da tentativa*. São Paulo: RT, 2008.

PIERANGELI, José Henrique. *Manual de Direito Penal*, parte especial. São Paulo: RT, 2007, v. 2.

PIRES, Ariosvaldo de Campos. *Compêndio de Direito Penal*, parte especial. Rio de Janeiro: Forense, 1992, v. III.

PIROMALLO, Eugenio Janniti. *Il Códice Penale, ilustrato articolo per articolo*. Milano: Società Editrice Libraria Milano, 1936.

PRADO, Luiz Regis. *Curso de Direito Penal Brasileiro*, parte especial. São Paulo: RT, 2002, v. 2.

SALLES JÚNIOR, Romeu de Almeida. *Curso Completo de Direito Penal.* São Paulo: Saraiva, 1987.

SMANIO, Gianpaolo Poggio. *A nova redação dada ao crime de estupro pela Lei nº 12.015/09 e a questão do concurso de crimes (artigo), veiculado pela Procuradoria de Justiça Criminal.* Disponível em: <http/www.mp.sp.gov.br/page/portal/proc_criminal/Boletins_jurisprudencia>. Acesso em: 16.11.2009.

SOLER, Sebastian. *Derecho Penal Argentino*, tomos III e IV. Buenos Aires: Editorial La Ley, 1945 e 1946.

TEBET FILHO, Walter. *O concurso de crimes no novo artº 213, do código penal (artigo), divulgação pela Associação Paulista do Ministério Público.*

ZAFFARONI, Eugenio Raúl; PIERANGELI, José Henrique. *Manual de Direito Penal Brasileiro*, parte geral. 8. ed. São Paulo: RT, 2009, v. 1.

ZAFFARONI, Eugenio Raúl; PIERANGELI, José Henrique. *Da tentativa.* São Paulo: RT, 2008.

Impresso em Janeiro de 2015